SOMMAIRE

Avant d'aborder le texte

Carmen

MÉRIMÉE

Comment lire l'œuvre

Avant d'aborder le texte

Carmen

Genre : nouvelle publiée pour la première fois en 1845.

Nouvelle : court récit de structure dramatique, avec peu de personnages.

Auteur : Prosper Mérimée (1803-1870).

Structure : quatre chapitres de longueurs inégales (le chapitre III est le plus long).

Sujet :

Chapitre I : le narrateur rencontre un brigand et l'aide à échapper aux lanciers qui le recherchent.

Chapitre II : il est séduit par une gitane et sauvé par le brigand.

Chapitre III : condamné à mort, ce dernier retrouve plus tard le narrateur par hasard, et lui fait le récit de sa vie et de ses amours malheureuses.

Chapitre IV : réflexions générales sur le monde des gitans.

Personnages principaux : le narrateur (voyageur érudit), le brigand don José Lizzarabengoa (second narrateur), la gitane Carmen (personnage éponyme).

Personnages secondaires : le guide, le père du couvent des dominicains, les camarades de régiment, la foule anonyme des cigarières, les autres gitans, le riche Anglais, le picador Lucas.

Carmen en latin signifie :
- chant, air
- vers, poésie
- charme, enchantement

Carmen (Laura del Sol)
dans le film de Carlos Saura, Carmen, *1983.*

PROSPER MÉRIMÉE
(1803-1870)

Jeunesse et formation

1803

Prosper Mérimée est né à Paris, le 28 septembre 1803 dans une famille bourgeoise, cultivée et anticléricale (il n'est pas baptisé), marquée par l'héritage intellectuel du XVIIIe siècle. Son père Léonor Mérimée, né en 1757, peintre (il a reçu le second prix de Rome), est professeur de dessin à l'École polytechnique, puis sera nommé secrétaire-adjoint de l'École des beaux-arts en 1804. Sa mère Anne-Louise Moreau, née en 1775, aime aussi la peinture. Elle est très proche de son fils unique. Ses parents lui apprennent le dessin, l'aquarelle, l'art du portrait ; plus tard, il enrichira ses rapports d'inspection en faisant des croquis des monuments observés.

1812-1819

Il fait ses études au Lycée impérial Napoléon (qui devient collège Henri-IV à la Restauration) et a de bonnes connaissances en anglais.

1820-1823

Il s'inscrit à la faculté de droit pour devenir avocat. Bachelier en droit le 17 mars 1823, il obtient sa licence le 22 juillet 1823 avec des résultats moyens. Pendant ses années passées à l'université, il approfondit et diversifie ses connaissances en étudiant le grec, l'espagnol, la littérature (française, anglaise et espagnole), l'histoire ancienne et moderne. Esprit ouvert, curieux et infatigable, même s'il prétend être paresseux, il s'intéresse à l'architecture, à l'épigraphie, aux sciences et à la théologie. Il rencontre Stendhal en 1822, chez Lingay, chef de bureau au ministère de la Police.

Débuts littéraires

1824-1828

Il publie en novembre 1824 quatre articles non signés sur le théâtre espagnol dans *Le Globe*, puis des mystifications littéraires sous forme de fausses traductions : en 1825 *Le Théâtre de Clara Gazul, comédienne espagnole*, en 1827, *La Guzla*, présentée comme un recueil de ballades illyriennes. Mérimée s'intéresse ensuite aux genres historiques et publie les scènes dramatiques de *La Jacquerie* (1828) et la *Chronique du règne de Charles IX* (1829).

Il découvre les milieux intellectuels parisiens, le salon de Cuvier au Jardin des Plantes, va dans le monde, au théâtre et court les bals. Il fait la connaissance du fils du physicien Ampère qui le présente à Chateaubriand, rencontre Sainte-Beuve, Vitet, Victor Cousin chez Viollet-le-Duc, et Thiers chez le peintre Gérard. À partir de 1825, il fréquente également le « Grenier » d'Étienne Delécluze (oncle de Viollet-le-Duc et rédacteur au *Journal des débats*) et le « Cénacle » de Victor Hugo à partir de 1827.

Une carrière académique, politique et littéraire brillante

1829-1830

Ce sont des années très fécondes puisque Mérimée publie dans *La Revue de Paris* quatorze nouvelles sur les sujets les plus divers, comme la guerre (*L'Enlèvement de la redoute*), la traite des esclaves (*Tamango*), la Corse (*Mateo Falcone*).

De juin à décembre 1830, à cause d'une déception sentimentale (rupture avec Mélanie Double), il voyage en Espagne (Séville, Grenade, Cordoue, Madrid, Valence). Il y fait la connaissance des parents de la comtesse Eugénie de Montijo que Napoléon III épousera le 30 janvier 1853. Revenu à

Paris en décembre 1830, il fait partie de la Garde nationale qui contribue au rétablissement de l'ordre.

1831-1833

Il est nommé chef du bureau du secrétariat général au ministère de la Marine et des Colonies en février, puis chevalier de la Légion d'honneur en mai 1831. Il reçoit une lettre signée « Lady Algernon Seymour ». La correspondance avec celle qui se nomme en réalité Jenny Dacquin durera jusqu'à la mort de Mérimée. Il reçoit, le 31 mars 1831, une lettre enflammée de Mme Valentine Delessert.

Le 13 mars 1831, il suit comme chef de cabinet le comte d'Argout devenu ministre du Commerce et des Travaux publics, puis le suit encore (le 31 décembre 1832) comme chef de cabinet quand il devient ministre de l'Intérieur et des Cultes. Il est nommé commissaire spécial pour l'exécution des mesures sanitaires contre le choléra en avril, puis maître des requêtes en novembre 1832. En décembre 1832, il rencontre pour la première fois Jenny Dacquin à Boulogne-sur-mer. La même année commence sa liaison avec Céline Cayot. Il publie quatre *Lettres d'Espagne* dans *La Revue de Paris*, de 1831 à 1833, *Mosaïque*, recueil de textes divers et *La Double Méprise*, en 1833.

Nouveaux voyages et autres découvertes

1834-1838

Thiers nomme Mérimée inspecteur des monuments historiques le 27 mai 1834 et secrétaire de la Commission des monuments historiques en 1837. L'écrivain effectue chaque année une série de tournées d'inspection des monuments historiques en province : de juillet à décembre 1834, en Bourgogne, dans la vallée du Rhône et dans le sud de la France, en juillet 1835 en Bretagne et dans le Poitou, de mai à août 1836 en Alsace et en Champagne, de mai à août 1837 en Auvergne, de juin à septembre 1838 dans l'ouest et le sud de la France.

Mérimée fait paraître par la suite le résultat de ses enquêtes et de ses recherches dans des mémoires, des rapports, des essais (*Essai sur l'architecture du Moyen Âge, particulière-*

ment en France (1837), *Notes d'un voyage dans le midi de la France* (1835), *Notes d'un voyage dans l'ouest de la France* (1836), *Notes d'un voyage en Auvergne* (1838) ; il publie aussi des œuvres de fiction : *Les Âmes du purgatoire* (1834) et *La Vénus d'Ille* (1837).

Mérimée s'installe rue des Marais-Saint-Germain en 1836 puis rue des Beaux-Arts en 1838. Mme Delessert devient sa maîtresse le 16 février 1836 à Chartres. Leur liaison durera jusqu'en 1854.

1839-1842

Mérimée forme des architectes, des inspecteurs et met en place un réseau de correspondants au service des monuments historiques (circulaire rédigée le 25 avril 1839), chargés de les surveiller et de signaler toute anomalie. Il fait une nouvelle tournée d'inspection en Normandie et en Bretagne en juin 1841.

Mérimée voyage en Corse et en Italie d'août à novembre 1839 en compagnie de Stendhal et publie l'année suivante *Notes d'un voyage en Corse* et *Colomba*. Il retourne en Espagne d'août à octobre 1840 (Madrid, Burgos, Vittoria...) et découvre l'Orient (la Grèce, l'Asie Mineure) d'août à décembre 1841.

Le 23 mars 1842, la mort de son ami Stendhal l'affecte particulièrement.

Grâce à son intervention et à celle de Victor Hugo, l'hôtel de Sens échappe à la démolition. De la même manière, Mérimée sauvera de nombreux objets et monuments anciens.

1843-1851

En 1843, il rédige un rapport sur la restauration de Notre-Dame de Paris et défend le projet de rachat de l'hôtel de Cluny et du palais des thermes qui abrite des ruines de thermes romains. Il est élu membre libre de l'Académie des Inscriptions et Belles-Lettres le 17 novembre 1843 et membre de l'Académie française le 14 mars 1844 à la mort de Charles Nodier.

En 1846, Mérimée voyage en Rhénanie, en Belgique (en septembre) puis se rend à Barcelone (en novembre). Il emménage au 18, rue Jacob en mars 1847.

Il publie *Carmen* (1845), traduit *La Dame de pique* (1849) et *La Littérature en Russie. Nicolas Gogol* (1851) dans *La Revue des Deux Mondes* et, en 1850, rédige une brochure sur Stendhal (*H.B.*) qui fait scandale.

Derniers honneurs et déclin
1852-1870

Mérimée est promu officier de la Légion d'honneur le 21 janvier 1852. Il perd sa mère deux mois plus tard. Condamné en mai à quinze jours de prison et à mille francs d'amende pour son article *Le Procès de M. Libri* (paru le 15 avril) dans lequel il défend un ami inculpé de vol dans les bibliothèques publiques, il purgera sa peine à la Conciergerie. En août, il emménage au 52, rue de Lille, qui sera sa dernière demeure parisienne.

Nommé sénateur (1853), élu secrétaire du Sénat (février 1861), il interviendra dans le débat sur la liberté de l'enseignement (1868). Il est promu commandeur (1860) puis grand officier de la Légion d'honneur (1866). Il s'occupe de la décoration du chœur de Notre-Dame de Paris en collaboration avec [illegible] Duc à l'occasion du baptême du prince impérial, en juin 1856.

Il séjourne à Biarritz et dans les Pyrénées avec [illegible] (1862-1863), en Espagne (1853-1859), en Angleterre (presque tous les ans de 1854 à 1868), en Suisse, en Autriche et en Allemagne (1854-1858). À partir de 1856, il passe tous les hivers à Nice puis à Cannes dont il apprécie la douceur du climat. Il séjourne à Montpellier en avril 1868 pour soigner son asthme. Sa santé décline et les journaux annoncent même sa mort en mars 1869 !

Les dernières années de sa vie sont consacrées à l'étude de l'histoire et de la littérature russes, comme le montrent *Les Faux Démétrius* (1852), scènes dramatiques tirées de l'histoire russe, ses articles sur Pierre le Grand (1864), ses traductions de Pouchkine (1856) et de Tourgueniev (1866-1870). Il écrit aussi ses dernières nouvelles : *Lokis* (1869) et *Djoûmane* (posthume).

Affaibli, se plaignant sans cesse d'être malade et bouleversé par la défaite de la France et la chute de l'Empire, celui qui fut à la fois écrivain, critique, historien et archéologue s'éteint à Cannes le 23 septembre 1870 et est inhumé au cimetière protestant. Ironie du sort, sa mort qui avait été annoncée dans les journaux un an auparavant passe alors presque inaperçue.

Il avait déclaré en 1847, au cours d'un de ses nombreux déménagements, qu'il « serai[t] content si un bon incendie [l]e délivrait de la moitié de [s]es bouquins ». Il fut exaucé puisque sa maison rue de Lille brûla avec tous ses livres et ses papiers le 23 mai 1871 pendant les troubles de la Commune.

CONTEXTES

Cadre historique, politique et idéologique.

Mérimée a connu les grands bouleversements de l'histoire de France du XIXe siècle tout comme Victor Hugo. Ce dernier lui reprochera d'avoir soutenu l'Empire et d'avoir profité de la situation ; il refusa pourtant de devenir directeur des Archives impériales, ministre de l'Instruction publique (en 1856 et en 1863) et secrétaire particulier de l'Empereur. Mérimée est né à la fin du Consulat (1799-1804), son enfance s'est déroulée sous le premier Empire (1804-1814) et sa jeunesse sous la Restauration (1814-1830) à laquelle il fut farouchement hostile – il surnomma Louis XVIII « le gros cochon » et comme ses parents, affichait des opinions anticléricales. Il connaîtra la monarchie de Juillet (1830-1848) – regrettant d'avoir manqué la révolution de juillet parce qu'il était en Espagne –, la IIe République (1848-1851) et le second Empire (1852-1870) auquel il ne survivra pas.

Mérimée écrit *Carmen* en 1845, sous la monarchie de Juillet. Louis-Philippe, après s'être appuyé sur le parti du Mouvement (Laffitte), se tourne vers le parti de la Résistance (Périer, duc de Broglie, Soult, Molé, Thiers, Guizot). Soult est président du Conseil de 1840 à 1847, mais c'est Guizot, ministre des Affaires étrangères depuis 1840 (à la place de Thiers), qui est en réalité le véritable chef du gouvernement. Les colonies s'étendent en Afrique, en Extrême-Orient et dans le Pacifique. Guizot préconise le rapprochement de la France avec l'Angleterre et l'Autriche et favorise la bourgeoisie, provoquant le mécontentement d'une partie de la population.

Le catholicisme libéral et le mouvement socialiste se développent. Dans *Carmen*, la sympathie du narrateur va moins aux représentants de l'ordre et de la société bien-pensante (militaires, riches étrangers et bourgeois) qu'aux marginaux épris d'aventures. Élevé dans un milieu de libres-penseurs,

Mérimée ne fait pas un portrait très flatteur du dominicain qui ne se montre guère charitable envers le condamné : « On le connaît dans le pays sous le nom de José Navarro, mais il a encore un autre nom basque, que ni vous ni moi ne prononcerons jamais. Tenez, c'est un homme à voir, et vous qui aimez à connaître les singularités du pays, vous ne devez pas négliger d'apprendre comment en Espagne les coquins sortent de ce monde. » Au poids de la morale et de l'Église s'oppose la force des superstitions (« La première fois que je t'ai vu, je venais de rencontrer un prêtre à la porte de ma maison. Et cette nuit, en sortant de Cordoue, n'as-tu rien vu ? Un lièvre a traversé le chemin entre les pied de ton cheval. C'est écrit. »), thème récurrent dans l'œuvre de Mérimée, par exemple dans *La Vénus d'Ille* (« Vous êtes bien esprits forts en Roussillon ! [...] vous faites un mariage un vendredi ! À Paris nous aurions plus de superstition ; personne n'oserait prendre femme un tel jour ») ou dans *La Partie de trictrac* (« Un certain vendredi, jour de mauvais augure »).
Au XIXe siècle, l'histoire de l'Espagne est marquée par la lutte entre les libéraux et les carlistes, partisans de don Carlos de Bourbon (prétendant au trône sous le nom de Charles V après la mort, en 1833, de son frère Ferdinand VII, qui abrogea la loi salique en faveur de sa fille Isabelle) soutenus par l'Autriche, la Prusse et la Russie. Les libéraux, partisans de la reine Isabelle II, soutenus par la France et l'Angleterre, sont divisés entre progressistes (bourgeois) et modérés (propriétaires). Don Carlos refuse de prêter serment à sa nièce. Chassé du pays, il se réfugie au Portugal et trouve des partisans aragonais, basques et catalans. Les carlistes, soutenus par l'Église, les paysans et les traditionalistes en général, sont vaincus pendant la guerre civile qui dure de 1834 à 1839. Don Carlos se réfugie en France. La mère d'Isabelle, Marie-Christine de Bourbon-Sicile est régente jusqu'en 1840. Après la Révolution, elle est remplacée par l'ancien Premier ministre, le général progressiste Espartero, lui-même chassé par les modérés du général Narváez en 1843. Dans ce contexte de troubles et de luttes diverses, le brigandage sévit

dans tout le pays. Rappelons quelques dates importantes :
– 1808-1813 : guerre d'indépendance.
– 1814 : retour de Ferdinand VII. Abolition de la constitution de 1812.
– 1820 : révolution et rétablissement de la constitution de 1812. Les libéraux restent au pouvoir jusqu'en 1823.
– 1823 : abolition de la constitution de 1812 et rétablissement de l'absolutisme.
– 1833-1839 : guerres carlistes.
– 1834 : Charte de la monarchie constitutionnelle espagnole.
– 1837 : nouvelle constitution plus démocratique et libérale.
– 1845 : nouvelle constitution (influencée par les modérés).

Cadre culturel et littéraire : l'Espagne chez les contemporains de Mérimée

Le XIXe siècle a une vision romantique de la géographie et de l'histoire (par exemple Chateaubriand dans *Les Martyrs,* 1809), ou scientifique et érudite (Fustel de Coulanges auteur de *La Cité antique,* 1864), ou encore une perspective narrative, érudite et psychologique comme celle d'Augustin Thierry dans ses *Récits des temps mérovingiens* (1840) ou plus vivante avec l'idée de « résurrection de la vie intégrale » du passé chez Michelet (*Histoire romaine,* 1831 ; *Histoire de France,* 1833-1844 ; *Histoire de la Révolution française,* 1847-1853). Au travail de l'écriture (recomposition et mise en forme de souvenirs de voyages et de lectures) s'ajoutent les préoccupations de l'ethnologue et la curiosité du philologue qu'on avait déjà vues à l'œuvre à travers le personnage du narrateur dans *La Vénus d'Ille.*

Le travail de Mérimée, nommé inspecteur général des monuments historiques en 1834, dépasse la simple approche romantique et sentimentale du passé grâce à ses dimensions érudites et scientifiques. Il voyage dans toute la France et à l'étranger et nous retrouvons les souvenirs de ces séjours dans sa correspondance, dans son œuvre littéraire et dans ses travaux érudits (rapports, notes de voyage après ses tournées d'inspection). L'archéologie se développe en même temps que l'épigraphie et la philologie. L'École des Chartes est fondée en 1816 et l'École d'Athènes en 1846. Mérimée s'intéresse à l'histoire ancienne et à la redécouverte du passé dans un texte où la fantaisie de l'imagination n'exclut pas un souci d'érudition et de vraisemblance comme le montre la discussion sur les étymologies dans *La Vénus d'Ille*. En tant qu'archéologue, historien et écrivain, Mérimée s'appuie sur une documentation importante, si bien que le texte de fiction comprend des aspects documentaires, voire théoriques, et débouche parfois sur un exposé didactique, comme dans le quatrième et dernier chapitre : « L'Espagne est un des pays où se trouvent aujourd'hui, en plus grand nombre encore, ces nomades dispersés dans toute l'Europe [...] ».

La mode du voyage en Orient est illustrée par Chateaubriand, Lamartine, Nerval et Flaubert entre autres, mais l'Orient n'est pas la seule destination, puisque tous les écrivains du siècle se rendent en Espagne : Chateaubriand, Flaubert, Nodier, Stendhal, Gautier, Dumas, Hugo... L'écrivain du XIXe siècle se fait voyageur et ses réminiscences littéraires, ses fantasmes et ses souvenirs personnels servent à recomposer une géographie imaginaire où le souci du réalisme est concurrencé par le goût pour la couleur locale et la tentation d'un facile dépaysement. Après les Anglais, les Français découvrent l'Espagne grâce aux campagnes de Napoléon (à partir de 1804) et de manière plus pacifique à travers des récits de voyage : *Itinéraire descriptif de l'Espagne* (1807-1820) d'A. de Laborde, père de Mme Delessert ; *Lettres* de George Sand (1837-1840) ; *Tra los montes* de Gautier (1843) ; des poèmes comme *Odes et Ballades* (1826) et *Les Orientales* (1828) de Hugo, *Contes d'Espagne et d'Italie* (1830) de Musset, *Espana* (1845) de Gautier et plus tard, dans la seconde moitié du siècle, chez Leconte de Lisle et Heredia ; des pièces de théâtre comme *Dolorida* (1826) de Vigny, *Hernani* (1830) et *Ruy Blas* (1838) de Hugo ; et des romans, par exemple *Notre-Dame de Paris* (1831) de Hugo. À partir de 1837, les danses et la peinture espagnole (aujourd'hui au musée du Louvre) sont à la mode. Lors de son premier voyage en Espagne, Mérimée écrivait à Albert Stapfer (4 septembre 1830) : « À mon retour, si cela peut vous être agréable, j'aurai bien des choses à vous dire sur Murillo, Velasquez, etc. Le maréchal Soult a laissé ici bien des richesses et à peine s'aperçoit-on de son passage ».

Carmen (1845) dans l'œuvre de Mérimée

Mérimée est marqué par le romantisme (qui se manifeste par le refus des règles, l'inspiration fantastique et les influences étrangères) et par le goût des écrivains de sa génération (Hugo, Gautier, Musset), notamment pour les « espagnolades ». Certaines œuvres de jeunesse dramatiques et historiques (*La Jacquerie* suivie de *La Famille de Carvajal* (1828), sont proches de l'esthétique du mélodrame ; d'autres accordent une grande importance à l'exotisme : l'Espagne du *Théâtre de Clara Gazul* (1825), l'Illyrie de *La Guzla* (1827), la Corse de *Mateo Falcone* (1829) et de *Colomba* (1840). Cependant après 1830, Mérimée relativise l'importance de la couleur locale constituée par les détails pittoresques, les éléments typiques d'un univers qui correspondent à l'attente et à l'imaginaire du lecteur. Selon Pierre Trahard, tantôt Mérimée « raille ou blâme l'emploi de la couleur locale, qui est, au fond, témoignage historique, tantôt il y recourt sans vergogne, et il en use dans la mesure exacte où elle lui paraît nécessaire pour accentuer la vraisemblance ».

Mérimée a évolué vers une écriture sèche et sobre qui reflète son esprit d'observation et son scepticisme, si bien qu'après les excès romantiques des œuvres de jeunesse (les sanguinaires violences de *La Famille de Carjaval*), réalisme et ironie caractérisent désormais ses textes. Pierre Trahard, qui considère que les mystifications littéraires (*Théâtre de Clara Gazul* et *La Guzla)* « sont des pastiches qui révèlent plus d'impuissance que de force créatrice », qualifie l'esthétique de Mérimée avant 1829 de « divergente » : « car elle s'attache aux détails, aux menus faits, plus qu'à l'unité de l'ensemble, et ainsi disperse l'intérêt. Ses premières œuvres sont une succession de tableaux juxtaposés, ou de scènes mal reliées entre elles » (*Prosper Mérimée et l'art de la nouvelle*). *Carmen* (1845) se présente donc comme une œuvre de la maturité correspondant à une deuxième période de sa création littéraire, après les mystifications littéraires et autres œuvres de jeunesse. Il a déjà publié différentes *Notes de voyage* (en France) et de nombreuses nouvelles qui l'ont rendu célèbre : *Chronique du règne de Charles IX, Mateo Falcone, Vision de Charles XI, L'Enlèvement de la redoute, Tamango* (1829), *Le Vase étrusque* (1830), *Les Âmes du purgatoire* (1834), *La Vénus d'Ille* (1837).

L'Espagne n'est plus seulement vue de l'extérieur dans une évocation artificielle nourrie de clichés littéraires. Elle devient un objet d'étude et d'exploration linguistique et ethnographique. Mérimée s'efface souvent derrière des doubles fictionnels – des narrateurs en voyage, archéologues ou érudits dans *La Vénus d'Ille* (1837) et *Lokis* (1869) – ou grâce à des mystifications littéraires qui lui permettent de s'avancer masqué. Ainsi, dans le *Théâtre de Clara Gazul* (1825), il se présente comme le traducteur du texte : deux comédies (*Les Espagnols en Danemark* et *Une femme est un diable*) mettent en scène des Espagnols sur fond de guerre et de sorcellerie. L'Espagne est également présente dans le roman sanglant *La Famille de Carjaval* (1828) et dans *Les Âmes du purgatoire* (1834) avec un nouvel avatar de Don Juan.

La création littéraire chez Mérimée est intimement liée au vécu et révèle son goût pour le pittoresque et la chose vue dans un texte complexe mêlant récit d'aventures et études de mœurs.

VIE	ŒUVRES
1803 Naît à Paris le 28 septembre.	
1812 Entre au lycée Napoléon (futur collège Henri-IV).	
1820 Commence son droit.	
1822 Rencontre Stendhal.	
	1824 Quatre articles non signés dans *Le Globe*.
1825-1827 Fréquente les salons et les milieux intellectuels parisiens.	1825 *Théâtre de Clara Gazul*.
	1827 *La Guzla* (autre mystification littéraire).

Événements culturels et artistiques	Événements historiques et politiques
1802 Chateaubriand, *René, Génie du christianisme.*	
	1804 Fin du Consulat. Début du premier Empire.
1810 Madame de Staël, *De l'Allemagne.*	1810 Mariage de Napoléon et de Marie-Louise.
	1814 Première Restauration. Traité de Paris.
1815 Béranger, *Premières Chansons.*	1815 Les Cent-Jours. Waterloo. Congrès de Vienne. Second traité de Paris. Seconde Restauration.
1816 Benjamin Constant, *Adolphe.*	
1819 Géricault, *Le Radeau de la Méduse.*	
1820 Lamartine, *Méditations poétiques.* Walter Scott, *Ivanhoé.*	1820 Assassinat du duc de Berry.
	1821 Mort de Napoléon.
	1823 Guerre d'Espagne.
1824 Delacroix, *Les Massacres de Scio.* Fondation du journal *Le Globe.*	1824 Mort de Louis XVIII. Avènement de Charles X.
	1825 Mouvement des décembristes en Russie.
1826 Vigny, *Poèmes antiques et modernes, Cinq-Mars.*	
1827 Hugo, *Cromwell.*	

VIE	ŒUVRES
	1828 *La Jacquerie* (« scènes féodales ») suivie de *La Famille de Carvajal* (« tragédie immorale »).
	1829 *Chronique du règne de Charles IX, Mateo Falcone, Vision de Charles XI, L'Enlèvement de la redoute, Tamango.*
1830 Voyage en Espagne. Rencontre la comtesse Eugénie de Montijo.	1830 *Le Vase étrusque.*
1831 Nommé chef du bureau du secrétariat général au ministère de la Marine et des Colonies. Suit comme chef de cabinet le comte Argout devenu ministre du Commerce et des Travaux publics.	1831 Quatre *Lettres d'Espagne.*
1832 Nommé commissaire spécial pour l'exécution des mesures sanitaires contre le choléra, puis maître des requêtes. Suit comme chef de cabinet le comte d'Argout devenu ministre de l'Intérieur et des Cultes.	
	1833 *Mosaïque, La Double Méprise.*
1834 Nommé inspecteur des Monuments historiques.	1834 *Les Âmes du purgatoire.*
1834-1838 Tournées d'inspection des monuments historiques en province.	
	1835 *Notes d'un voyage dans le midi de la France. Le Duc de Guise.*
	1836 *Notes d'un voyage dans l'ouest de la France.*
1837 Nommé secrétaire de la Commission des monuments historiques.	1837 *La Vénus d'Ille.* *Essai sur l'architecture religieuse*

TABLEAU CHRONOLOGIQUE

ÉVÉNEMENTS CULTURELS ET ARTISTIQUES	ÉVÉNEMENTS HISTORIQUES ET POLITIQUES
	1828 Proclamation de l'indépendance de la Grèce.
1829 Hugo, *Les Orientales.* Balzac, *Les Chouans.*	
1830 Stendhal, *Le Rouge et le Noir.* Lamartine, *Harmonies poétiques et religieuses.* Hugo, *Hernani.*	1830 Révolution de Juillet (« Trois Glorieuses »). Révolutions belge et polonaise. Loi sur l'instruction publique et la liberté de l'enseignement.
1831 Hugo, *Notre-Dame de Paris.* Delacroix, *Les Barricades.*	1831 Ministère Casimir Périer. Insurrection des canuts à Lyon.
	1832 Épidémie de choléra. Manifestations (funérailles du général Lamarque).
1834 Musset, *Lorenzaccio.* Balzac, *Le Père Goriot.*	1834 Insurrections à Paris et en province. Quadruple-Alliance.
1835 Balzac, *Le Lys dans la vallée.*	1835 Attentat de Fieschi. Lois de septembre, lois contre la presse et sur la liberté des théâtres.
	1836 Ministères Thiers puis Molé-Guizot.

Vie	Œuvres
	du Moyen Âge.
	1838 *Notes d'un voyage en Auvergne.*
1839 Voyage en Corse et en Italie.	
1840 Voyage en Espagne.	1840 *Notes d'un voyage en Corse,* *Colomba.*
1841 Voyage en Orient (Athènes, Éphèse, Constantinople).	1841 *Essai sur la guerre sociale.* *Constantinople en 1403.* *La Conjuration de Catilina.*
	1842 *Monuments helléniques.*
1844 Élu à l'Académie française.	
	1845 *Carmen.*
1846 Voyages en Rhénanie, en Belgique, en Espagne.	
	1849 Traduction de *La Dame de pique* de Pouchkine.
	1850 Brochure sur Stendhal : *H. B.*
	1851 *La Littérature en Russie. Nicolas Gogol.*
1852 Promu officier de la Légion d'honneur. Quinze jours de prison et mille francs d'amende (à cause de son article sur *Le Procès de M. Libri*).	1852 *Épisode de l'histoire de Russie.* *Les Faux Démétrius.*
1853 Nommé sénateur.	

TABLEAU CHRONOLOGIQUE

ÉVÉNEMENTS CULTURELS ET ARTISTIQUES	ÉVÉNEMENTS HISTORIQUES ET POLITIQUES
1839 Stendhal, *La Chartreuse de Parme.*	**1839** Tentative d'insurrection de Barbès et Blanqui.
1840 Augustin Thierry, *Récits des temps mérovingiens.* Proudhon, *Qu'est-ce que la propriété ?*	
1845 Wagner, *Tannhaüser.*	
	1848 Révolution de Février. Seconde République. Louis-Napoléon Bonaparte, président de la République.
1849 Courbet, *L'Après-dîner à Ornans, Les Casseurs de pierres.*	
	1850 Lois Falloux sur l'enseignement. Suppression du suffrage universel.
	1851 Coup d'État du 2 décembre.
1852 Gautier, *Émaux et Camées.* Leconte de Lisle, *Poèmes antiques.*	**1852** Napoléon III empereur.
1853 Hugo, *Les Châtiments.*	**1853** Napoléon III épouse Eugénie de Montijo.
1854 Nerval, *Les Filles du feu, Les Chimères.*	**1854** Début de la guerre de Crimée.

VIE	ŒUVRES
1854-1868 Nombreux voyages (Espagne, Angleterre, Suisse, Autriche, Allemagne) et séjours (Nice, Cannes, Montpellier) en France et à l'étranger.	**1856** Traduction du *Coup de pistolet* de Pouchkine.
1861 Élu secrétaire du Sénat.	
1866 Promu grand officier de la Légion d'honneur.	**1866** Traduction d'*Apparitions* de Tourgueniev.
1870 Meurt à Cannes le 23 septembre.	**1869-1870** *Lokis*. Traduction des *Nouvelles moscovites* et d'*Étrange Histoire* de Tourgueniev. Œuvres posthumes : *La Chambre bleue* (1871), *Djoûmane* (1873).

TABLEAU CHRONOLOGIQUE

ÉVÉNEMENTS CULTURELS ET ARTISTIQUES	ÉVÉNEMENTS HISTORIQUES ET POLITIQUES
1856 Hugo, *Les Contemplations.*	
1857 Flaubert, *Madame Bovary.* Baudelaire, *Les Fleurs du mal.*	
	1859 Campagne d'Italie.
1861 Première de *Tannhäuser* de Wagner à l'Opéra.	1861 Guerre de Sécession aux États-Unis (1861-1865). Abolition du servage en Russie.
1862 Flaubert, *Salammbô.* Manet, *Le Déjeuner sur l'herbe.*	1862 Guerre du Mexique.
1863 Manet, *Olympia.*	
1866 Verlaine, *Poèmes saturniens.*	1866 Victoire des Prussiens sur les Autrichiens à Sadowa.
	1867 Exposition universelle à Paris.
1869 Flaubert, *L'Éducation sentimentale.*	1869 Inauguration du canal de Suez.
1870 Verlaine, *La Bonne Chanson.*	1870 Plébiscite en mai favorable à l'Empereur. Guerre franco-prussienne. 2 septembre : capitulation. 4 septembre : proclamation de la République.

GENÈSE DE L'ŒUVRE

Souvenirs de voyage

Mme de Montijo est la muse qui inspire Mérimée. Quinze ans avant la rédaction de *Carmen*, lors du premier voyage de Mérimée en Espagne en 1830, elle lui fournit le sujet de la nouvelle sous la forme d'un fait divers sanglant : « Je viens de passer huit jours enfermé à écrire, non point les faits et gestes de feu D. Pedro, mais une histoire que vous m'avez racontée il y a quinze ans et que je crains d'avoir gâtée. Il s'agissait d'un jaque [un brave] de Malaga, qui avait tué sa maîtresse, laquelle se consacrait exclusivement au public [se prostituait] » (lettre du 16 mai 1845). Mérimée prétend avoir écrit sa nouvelle en une semaine, mais la genèse est en réalité plus longue et s'étend de 1830 à 1845.

Mérimée s'inspire de son premier voyage en Espagne en 1830 (« J'allais être amoureux, quand je suis parti pour l'Espagne. C'est une des belles actions de ma vie ») ; son héros don José traverse presque les mêmes villes, dans un ordre différent, et se rend à Gibraltar, et non à Algésiras comme l'écrivain. Mérimée se souviendra des détails pittoresques d'un voyage parfois éprouvant :

> Vinrent enfin des ânes, et sur cette noble monture je me mis en route en compagnie d'un honnête Prussien et d'une demi-douzaine de muletiers, ou, pour mieux dire, d'âniers. [...] Vous savez que j'attache quelque importance à un bon dîner. Jugez de l'extrémité où j'étais réduit. En lisant mon menu vous allez frémir d'horreur. [...] Les matelas étant très étroits, il n'a pas été facile de nous arranger pour dormir cinq, là où il n'y avait place que pour deux. [...] Je n'ai rien à vous dire des voleurs ; on dit que le pays en fourmille, mais je n'en ai pas rencontré.

Lettre à Sophie Duvaucel du 8 octobre 1830.

Les quatre *Lettres d'Espagne* publiées dans *La Revue de Paris* (2 janvier et 13 mars 1831, 26 août 1832, 29 décembre 1833) constituent la première étape d'un travail de transposition de la chose vue en récit. Mérimée gardera la narration à la première personne dans son récit-cadre, passant d'un « Je » épistolaire à un double fictionnel de l'écrivain, voyageur et érudit semblable à celui de *La Vénus d'Ille.* La première *Lettre* évoque les courses de taureaux qui « sont encore très en vogue en Espagne » ; la deuxième « l'histoire » d'un « malheureux qu'on a pendu » ; la troisième le fameux bandit Jose Maria et la quatrième est consacrée aux « sorcières espagnoles » : « Je bus l'eau qu'on me présentait, je mangeai du gaspacho préparé par les mains de Mlle Carmencita et même je fis son portrait sur mon livre de croquis. [...] elle brûle les oliviers, elle fait mourir les mules, et bien d'autres méchancetés ».

Il effectue un deuxième voyage en Espagne en 1840 (Madrid, où l'écrivain assiste à la révolution, Carabanchel chez Mme de Montijo ; Burgos et Vitoria). Il apprend que le vieux comte de Montijo a pour maîtresse une belle cigarière ; le « travail sur le manuscrit des Dominicains » est peut-être un écho des recherches de l'écrivain à la Bibliothèque royale. Mérimée a alors le projet d'écrire une étude sur Pierre le Cruel et s'intéresse au monde des gitans, à leur langue et à leurs coutumes. En 1843, Mme de Montijo l'avait incité à écrire cette étude historique qui deviendra l'*Histoire de don Pèdre, roi de Castille.* On raconte que la maîtresse de ce roi, dona Maria de Padilla invoquée par Carmen dans ces incantations, était la reine des bohémiens (« *bari crallisa* »).

Lectures et érudition

Aux souvenirs de voyages se mêlent des souvenirs de lectures et des recherches plus érudites. Pouchkine, dont les œuvres sont traduites par Mérimée, évoque des personnages ressemblants à ceux de Carmen, et un dénouement similaire, dans *Les Tziganes* (1823-1824) : Aleko, accueilli par la famille des bohémiens et devenu l'un des leurs, poignarde l'infidèle Zemphira. L'aspect moral de l'histoire de cette déchéance tragique rappelle le parcours de Des Grieux et de Manon Lescaut dans le roman de l'abbé Prévost :

« Cette Carmen n'est autre chose qu'une Manon Lescaut d'un plus haut goût, qui débauche son chevalier Des Grieux, également séduit et faible [...] Manon finit par être touchée du dévouement de son chevalier et par s'élever à sa hauteur, tandis que Carmen, à partir d'un certain moment, sent se briser son féroce amour et n'aime plus. »

Sainte-Beuve, *Le Moniteur universel*, 7 février 1853.

Le personnage de la belle gitane apparaît également dans les *Nouvelles exemplaires* (1613) de Cervantès avec la gitanilla Preciosa et chez Hugo avec Esmeralda dans *Notre-Dame de Paris* (1831).

Le hasard des amitiés et des rencontres permet à Mérimée d'approfondir sa connaissance de la langue et des mœurs des gitans. Il dédicace (« À mon maître en *chipe calli* ») un exemplaire de *Carmen* à Serafin Estebanez Calderon, qui a collaboré à un ouvrage intitulé *Les Espagnols peints par eux-mêmes* (1843), vaste étude de mœurs sur ses contemporains. Il a rencontré cet écrivain en 1830 chez les Montijo, en 1840 à Madrid et le reçoit à Paris en 1843. Les travaux de recherche deviennent plus sérieux à partir de 1844 (lettre du 21 août 1844 à Édouard Grasset) : « J'ai étudié pendant quelques jours le jargon des bohémiens ». Mérimée étudie de près deux ouvrages écrits par un missionnaire anglais, George Borrow (1803-1881) : *The Zingali, or an account of the Gypsies of Spain* (1841) et *The Bible in Spain* (1842). On retrouve des réflexions épistolaires presque inchangées dans le texte de la nouvelle :

« Il prétend que les Bohémiennes sont très chastes et qu'un Busno, c'est-à-dire un homme qui n'est pas de leur race, n'en peut tirer pied ni aile. [...] La plupart de ces femmes sont horriblement laides, c'est une raison pour qu'elles soient chastes, et des meilleures. »

Lettre à Mme de Montijo du 16 mai 1845.

« La beauté est fort rare parmi les Gitanas d'Espagne. Très jeunes, elles peuvent passer pour des laiderons agréables ; mais une fois qu'elles sont mères, elles deviennent repoussantes. »

Chap. IV, l. 31-34.

« Il me semble qu'il y a beaucoup d'exagération dans les éloges qu'il accorde à leur chasteté. »

Chap. IV, l. 47-48.

Mérimée lit également le lexique qui se trouve à la fin de *The Zincali* ainsi que « l'ouvrage d'un Allemand, le Dr. Pott, qui donne la grammaire et le dictionnaire de ces gens-là ; du moins il fait une grammaire et un dictionnaire général au moyen de vingt dialectes particuliers » (lettre à Édouard Grasset du 4 août 1845). Il se replonge dans l'étude du basque et demande à Mme de Montijo de lui trouver l'Évangile selon Saint Luc traduit en *chipe calli.* Il est aussi attentif à la réalité linguistique qu'aux particularités physiques et morales des personnages, d'où l'aspect anthropologique et le ton didactique et savant de la dissertation du dernier chapitre de la nouvelle écrit au présent de vérité générale : « Les caractères physiques des Bohémiens sont plus faciles à distinguer qu'à décrire » (chap. IV, l. 15), « L'histoire des Bohémiens est encore un problème » (chap. IV, l. 150). L'écrivain poursuivra ses recherches linguistiques jusqu'à la fin de sa vie et collectera documents et matériaux divers. Il se rendra à Metz pour examiner un manuscrit trouvé chez des gitans et faire ainsi de l'ethnologie comparée entre les gitans de Lorraine et ceux d'Espagne (lettre à Vitet du 16 octobre 1845) : « J'ai pourchassé aux environs de Metz une horde de Bohémiens qui passaient pour posséder un mss [manuscrit] en rommani, historique me disait-on. Je n'ai pas trouvé de mss mais de fort curieuses gens ayant d'admirables figures. »

Publication

Carmen paraît pour la première fois en trois parties, dans *La Revue des Deux Mondes,* le 1er octobre 1845. La deuxième édition en volume de 1847, chez Michel Lévy (avec une réédition en 1852), est la version la plus complète puisqu'elle comporte quatre parties.

L'opéra-comique en quatre actes tiré de la nouvelle de Mérimée, sur un livret de Meilhac et Halévy et sur une musique de Georges Bizet, est représenté le 3 mars 1875.

Prosper Mérimée.

Carmen

MÉRIMÉE

nouvelle

Éditée pour la première fois en 1845

Πᾶσα γυνὴ χόλος ἐστίν· ἔχει δ᾽ἀγαθὰς δύο ὥρας,
Τὴν μίαν ἐν θαλάμῳ, τὴν μίαν ἐν θανάτῳ.[1]

PALLADAS.

1. Toute femme est amère comme du fiel, mais elle a deux bonnes heures : l'une au lit, l'autre dans la mort.

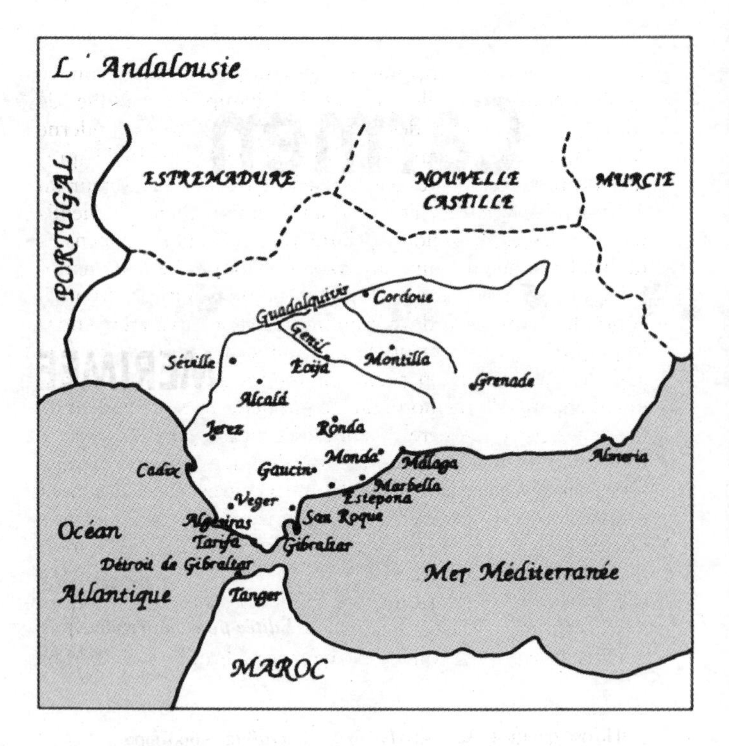
L'Andalousie
PORTUGAL
ESTREMADURE
NOUVELLE
CASTILLE
MURCIE
Guadalquivir
Cordoue
Genil
Séville
Ecija
Montilla
Grenade
Alcalá
Ronda
Jerez
Monda
Málaga
Almeria
Cadix
Gaucin
Marbella
Veger
Estepona
San Roque
Océan
Tarifa
Gibraltar
Détroit de Gibraltar
Mer Méditerranée
Atlantique
Tanger
MAROC

CHAPITRE PREMIER

J'AVAIS toujours soupçonné les géographes de ne savoir ce qu'ils disent lorsqu'ils placent le champ de bataille de Munda[1] dans le pays des Bastuli-Pœni[2] près de la moderne Monda, à quelque deux lieues au nord de Marbella. D'après
5 mes propres conjectures sur le texte de l'anonyme, auteur du *Bellum Hispaniense*[3], et quelques renseignements recueillis dans l'excellente bibliothèque du duc d'Osuna[4], je pensais qu'il fallait chercher aux environs de Montilla le lieu mémorable où, pour la dernière fois, César joua quitte ou double
10 contre les champions de la république. Me trouvant en Andalousie au commencement de l'automne de 1830, je fis une assez longue excursion pour éclairer les doutes qui me restaient encore. Un mémoire que je publierai prochainement ne laissera plus, je l'espère, aucune incertitude dans l'esprit de
15 tous les archéologues de bonne foi. En attendant que ma dissertation résolve enfin le problème géographique qui tient toute l'Europe savante en suspens, je veux vous raconter une petite histoire ; elle ne préjuge rien sur l'intéressante question de l'emplacement de Munda.

20 J'avais loué à Cordoue un guide et deux chevaux, et m'étais mis en campagne avec les *Commentaires* de César et quelques chemises pour tout bagage. Certain jour, errant

1. **Bataille de Munda** (45 avant J.-C.), où César triomphe de Pompée.
2. **Bastuli-Pœni :** peuple du sud de l'Espagne, d'origine carthaginoise (*Pœni* : Carthaginois en latin).
3. **Bellum Hispaniense :** ou *De bello Hispaniensi* (*De la guerre d'Espagne*), un des cinq ouvrages, regroupés sous le titre *Commentaires*, composé par un auteur inconnu.
4. **Osuna :** illustre famille espagnole.

dans la partie élevée de la plaine de Cachena, harassé de fatigue, mourant de soif, brûlé par un soleil de plomb, je
25 donnais au diable de bon cœur César et les fils de Pompée, lorsque j'aperçus, assez loin du sentier que je suivais, une petite pelouse verte parsemée de joncs et de roseaux. Cela m'annonçait le voisinage d'une source. En effet, en m'approchant, je vis que la prétendue pelouse était un marécage où
30 se perdait un ruisseau, sortant, comme il semblait, d'une gorge étroite entre deux hauts contreforts de la sierra[1] de Cabra. Je conclus qu'en remontant je trouverais de l'eau fraîche, moins de sangsues et de grenouilles, et peut-être un peu d'ombre au milieu des rochers. À l'entrée de la gorge,
35 mon cheval hennit, et un autre cheval, que je ne voyais pas, lui répondit aussitôt. À peine eus-je fait une centaine de pas, que la gorge, s'élargissant tout à coup, me montra une espèce de cirque[2] naturel parfaitement ombragé par la hauteur des escarpements qui l'entouraient. Il était impossible de rencon-
40 trer un lieu qui promît au voyageur une halte plus agréable. Au pied des rochers à pic, la source s'élançait en bouillonnant, et tombait dans un petit bassin tapissé d'un sable blanc comme la neige. Cinq à six beaux chênes verts, toujours à l'abri du vent et rafraîchis par la source, s'élevaient sur ses
45 bords, et la couvraient de leur épais ombrage ; enfin, autour du bassin, une herbe fine, lustrée[3], offrait un lit meilleur qu'on n'en eût trouvé dans aucune auberge à dix lieues à la ronde.

À moi n'appartenait pas l'honneur d'avoir découvert un si
50 beau lieu. Un homme s'y reposait déjà, et sans doute dormait, lorsque j'y pénétrai. Réveillé par les hennissements, il s'était levé, et s'était rapproché de son cheval, qui avait profité du sommeil de son maître pour faire un bon repas de l'herbe aux environs.

---

1. **Sierra :** montagne à relief allongé.
2. **Cirque :** dépression aux parois raides et fermée par un verrou glaciaire.
3. **Lustrée :** brillante.

55 C'était un jeune gaillard, de taille moyenne, mais d'apparence robuste, au regard sombre et fier. Son teint, qui avait pu être beau, était devenu, par l'action du soleil, plus foncé que ses cheveux. D'une main il tenait le licol[1] de sa monture, de l'autre une espingole[2] de cuivre. J'avouerai que d'abord 60 l'espingole et l'air farouche du porteur me surprirent quelque peu ; mais je ne croyais plus aux voleurs, à force d'en entendre parler et de n'en rencontrer jamais. D'ailleurs, j'avais vu tant d'honnêtes fermiers s'armer jusqu'aux dents pour aller au marché, que la vue d'une arme à feu ne 65 m'autorisait pas à mettre en doute la moralité de l'inconnu. « Et puis, me disais-je, que ferait-il de mes chemises et de mes *Commentaires* Elzévir[3] ? » Je saluai donc l'homme à l'espingole d'un signe de tête familier, et je lui demandai en souriant si j'avais troublé son sommeil. Sans me répondre, il me toisa 70 de la tête aux pieds ; puis, comme satisfait de son examen, il considéra avec la même attention mon guide, qui s'avançait. Je vis celui-ci pâlir et s'arrêter en montrant une terreur évidente. « Mauvaise rencontre ! » me dis-je. Mais la prudence me conseilla aussitôt de ne laisser voir aucune inquiétude. Je 75 mis pied à terre ; je dis au guide de débrider[4], et, m'agenouillant au bord de la source, j'y plongeai ma tête et mes mains ; puis je bus une bonne gorgée, couché à plat ventre, comme les mauvais soldats de Gédéon[5].

J'observais cependant mon guide et l'inconnu. Le premier 80 s'approchait bien à contrecœur ; l'autre semblait n'avoir pas de mauvais desseins contre nous, car il avait rendu la liberté à son cheval, et son espingole, qu'il tenait d'abord horizontale, était maintenant dirigée vers la terre.

1. **Licol :** lien autour du cou pour attacher ou conduire des bêtes.
2. **Espingole :** court fusil espagnol au canon évasé.
3. **Elzévir :** célèbres libraires et imprimeurs hollandais du XVIe et du XVIIe siècle.
4. **Débrider :** enlever la bride (pièce du harnais d'un cheval).
5. **Les mauvais soldats de Gédéon :** ils retardaient la marche de l'armée de Gédéon, vainqueur des Madianites, en buvant l'eau, couchés à plat ventre.

Ne croyant pas devoir me formaliser[1] du peu de cas qu'on avait paru faire de ma personne, je m'étendis sur l'herbe, et d'un air dégagé je demandai à l'homme à l'espingole s'il n'avait pas un briquet sur lui. En même temps je tirais mon étui à cigares. L'inconnu, toujours sans parler, fouilla dans sa poche, prit son briquet, et s'empressa de me faire du feu. Évidemment il s'humanisait[2] ; car il s'assit en face de moi, toutefois sans quitter son arme. Mon cigare allumé, je choisis le meilleur de ceux qui me restaient, et je lui demandai s'il fumait.

« Oui, monsieur », répondit-il.

C'étaient les premiers mots qu'il faisait entendre, et je remarquai qu'il ne prononçait pas l'*s* à la manière andalouse[3], d'où je conclus que c'était un voyageur comme moi, moins archéologue seulement.

« Vous trouverez celui-ci assez bon, lui dis-je en lui présentant un véritable régalia[4] de La Havane. »

Il me fit une légère inclination de tête, alluma son cigare au mien, me remercia d'un autre signe de tête, puis se mit à fumer avec l'apparence d'un très grand plaisir.

« Ah ! s'écria-t-il en laissant échapper lentement sa première bouffée par la bouche et les narines, comme il y avait longtemps que je n'avais fumé ! »

En Espagne, un cigare donné et reçu établit des relations d'hospitalité, comme en Orient le partage du pain et du sel. Mon homme se montra plus causant que je ne l'avais espéré. D'ailleurs bien qu'il se dît habitant du partido[5] de Montilla, il paraissait connaître le pays assez mal. Il ne savait pas le nom de la charmante vallée où nous nous trouvions ; il ne pouvait nommer aucun village des alentours ; enfin, interrogé

1. **Me formaliser :** être vexé à cause d'un manque de savoir-vivre.
2. **Il s'humanisait :** il devenait plus sociable, plus civilisé.
3. Note de Mérimée (voir p. 134).
4. **Régalia :** cigare.
5. **Partido :** division administrative.

par moi s'il n'avait pas vu aux environs des murs détruits,
115 de larges tuiles à rebords, des pierres sculptées, il confessa qu'il n'avait jamais fait attention à pareilles choses. En revanche, il se montra expert en matière de chevaux. Il critiqua le mien, ce qui n'était pas difficile ; puis il me fit la généalogie du sien, qui sortait du fameux haras de Cordoue :
120 noble animal, en effet, si dur à la fatigue, à ce que prétendait son maître, qu'il avait fait une fois trente lieues dans un jour, au galop ou au grand trot. Au milieu de sa tirade[1], l'inconnu s'arrêta brusquement, comme surpris et fâché d'en avoir trop dit. « C'est que j'étais très pressé d'aller à Cordoue, reprit-il
125 avec quelque embarras. J'avais à solliciter les juges pour un procès... » En parlant, il regardait mon guide Antonio, qui baissait les yeux.

L'ombre et la source me charmèrent tellement que je me souvins de quelques tranches d'excellent jambon que mes
130 amis de Montilla avaient mises dans la besace de mon guide. Je les fis apporter, et j'invitai l'étranger à prendre sa part de la collation impromptue[2]. S'il n'avait pas fumé depuis longtemps, il me parut vraisemblable qu'il n'avait pas mangé depuis quarante-huit heures au moins. Il dévorait comme un
135 loup affamé. Je pensai que ma rencontre avait été providentielle pour le pauvre diable. Mon guide, cependant, mangeait peu, buvait encore moins, et ne parlait pas du tout, bien que depuis le commencement de notre voyage il se fût révélé à moi comme un bavard sans pareil. La présence de notre hôte
140 semblait le gêner, et une certaine méfiance les éloignait l'un de l'autre sans que j'en devinasse positivement[3] la cause.

Déjà les dernières miettes du pain et du jambon avaient disparu ; nous avions fumé chacun un second cigare ; j'ordonnai au guide de brider nos chevaux, et j'allais prendre

1. **Tirade :** long discours.
2. **Collation impromptue :** léger repas improvisé.
3. **Positivement :** de manière certaine.

145 congé de mon nouvel ami, lorsqu'il me demanda où je comptais passer la nuit.

Avant que j'eusse fait attention à un signe de mon guide, j'avais répondu que j'allais à la venta del Cuervo[1].

« Mauvais gîte pour une personne comme vous, mon-150 sieur... J'y vais, et, si vous me permettez de vous accompagner, nous ferons route ensemble.

– Très volontiers », dis-je en montant à cheval.

Mon guide, qui me tenait l'étrier, me fit un nouveau signe des yeux. J'y répondis en haussant les épaules, comme pour 155 l'assurer que j'étais parfaitement tranquille, et nous nous mîmes en chemin.

Les signes mystérieux d'Antonio, son inquiétude, quelques mots échappés à l'inconnu, surtout sa course de trente lieues[2] et l'explication peu plausible qu'il en avait donnée, avaient 160 déjà formé mon opinion sur le compte de mon compagnon de voyage. Je ne doutai pas que je n'eusse affaire à un contrebandier, peut-être à un voleur ; que m'importait ? Je connaissais assez le caractère espagnol pour être sûr de n'avoir rien à craindre d'un homme qui avait mangé et fumé avec moi. 165 Sa présence même était une protection assurée contre toute mauvaise rencontre. D'ailleurs, j'étais bien aise de savoir ce que c'est qu'un brigand. On n'en voit pas tous les jours, et il y a un certain charme à se trouver auprès d'un être dangereux, surtout lorsqu'on le sent doux et apprivoisé.

170 J'espérais amener par degrés l'inconnu à me faire des confidences, et, malgré les clignements d'yeux de mon guide, je mis la conversation sur les voleurs de grand chemin. Bien entendu que j'en parlai avec respect. Il y avait alors en Andalousie un fameux bandit nommé José Maria, dont les exploits 175 étaient dans toutes les bouches. « Si j'étais à côté de José Maria ? » me disais-je... Je racontai les histoires que je savais

1. **Venta del Cuervo** : auberge du Corbeau.
2. **Lieues** : ancienne unité pour mesurer les distances (environ quatre kilomètres).

REPÈRES

• Qu'est-ce qu'un personnage éponyme ? Identifiez-le dans cette nouvelle. Apparaît-il dans ce premier chapitre ?
• Quel est le statut de la citation de l'auteur grec ?
• Comment appelle-t-on la première phrase du texte ?

OBSERVATION

• Commentez la nature et le ton de la citation de Palladas.
• Qui prend en charge la narration (pronom personnel et temps des verbes) ?
• Comparez cette ouverture et celle de *La Vénus d'Ille* : circonstances, personnages.
• Les centres d'intérêt du narrateur : pourquoi voyage-t-il dans ces contrées ?
• Relevez les contrastes entre les sensations éprouvées par le narrateur et le décor qu'il découvre.
• L'art du portrait : repérez les éléments physiques, les caractéristiques morales et commentez les gestes et les paroles de l'inconnu. La conversation est-elle entièrement transcrite ?
• L'attitude du guide Antonio : montrez que ses gestes, ses paroles, l'expression de son visage et plus généralement tout son comportement trahissent son trouble.
• Analysez les rites de l'hospitalité et le but recherché. Quels sont les détails qui montrent que l'inconnu est aussi un étranger comme le narrateur ?

INTERPRÉTATIONS

• Pourquoi le titre et la citation ont-ils une résonance prophétique ? Peut-on parler d'ironie, voire de pessimisme dans cette entrée en matière ? Quelle est la valeur du grec ?
• Analysez l'ambiguïté et la polysémie du titre qui renvoie à plusieurs réalités, en rapport avec les événements ultérieurs.
• La voix et le regard du narrateur sont-ils subjectifs ou omniscients ?
• Quelle est la profession du narrateur ? Montrez qu'il ne se prend pas toujours au sérieux malgré son érudition.
• Pourquoi cette rencontre est-elle mystérieuse ? Que penser de l'inconnu, d'après les réactions différentes du guide et du narrateur ? Pourquoi sont-ils en désaccord ?

de ce héros, toutes à sa louange d'ailleurs, et j'exprimai hautement mon admiration pour sa bravoure et sa générosité.

« José Maria n'est qu'un drôle », dit froidement l'étranger.

180 « Se rend-il justice, ou bien est-ce excès de modestie de sa part ? » me demandai-je mentalement ; car, à force de considérer mon compagnon, j'étais parvenu à lui appliquer le signalement de José Maria, que j'avais lu affiché aux portes de mainte ville d'Andalousie. « Oui, c'est bien lui... Cheveux 185 blonds, yeux bleus, grande bouche, belles dents, les mains petites ; une chemise fine, une veste de velours à boutons d'argent, des guêtres de peau blanche, un cheval bai[1]... Plus de doute ! Mais respectons son incognito. »

Nous arrivâmes à la venta. Elle était telle qu'il me l'avait 190 dépeinte, c'est-à-dire une des plus misérables que j'eusse encore rencontrées. Une grande pièce servait de cuisine, de salle à manger et de chambre à coucher. Sur une pierre plate, le feu se faisait au milieu de la chambre et la fumée sortait par un trou pratiqué dans le toit, ou plutôt s'arrêtait, formant 195 un nuage à quelques pieds au-dessus du sol. Le long du mur, on voyait étendues par terre cinq ou six vieilles couvertures de mulets ; c'étaient les lits des voyageurs. À vingt pas de la maison, ou plutôt de l'unique pièce que je viens de décrire, s'élevait une espèce de hangar servant d'écurie. Dans ce char-200 mant séjour, il n'y avait d'autres êtres humains, du moins pour le moment, qu'une vieille femme et une petite fille de dix à douze ans, toutes les deux de couleur de suie et vêtues d'horribles haillons. « Voilà tout ce qui reste, me dis-je, de la population de l'antique Munda Bœtica[2]. Ô César ! ô Sextus 205 Pompée ! que vous seriez surpris si vous reveniez au monde ! »

En apercevant mon compagnon, la vieille laissa échapper une exclamation de surprise.

« Ah ! seigneur don José ! » s'écria-t-elle.

1. **Bai** : couleur brun rouge (pour la robe d'un cheval).
2. **Munda Bœtica** : province romaine de Bétique.

210 Don José fronça le sourcil, et leva la main d'un geste d'autorité qui arrêta la vieille aussitôt. Je me tournai vers mon guide, et, d'un signe imperceptible je lui fis comprendre qu'il n'avait rien à m'apprendre sur le compte de l'homme avec qui j'allais passer la nuit. Le souper fut meilleur que je 215 ne m'y attendais. On nous servit, sur une petite table haute d'un pied, un vieux coq fricassé avec du riz et force piments, puis des piments à l'huile, enfin du *gazpacho*[1], espèce de salade de piments. Trois plats ainsi épicés nous obligèrent de recourir souvent à une outre[2] de vin de Montilla qui se 220 trouva délicieux. Après avoir mangé, avisant une mandoline accrochée contre la muraille – il y a partout des mandolines en Espagne –, je demandai à la petite fille qui nous servait si elle savait en jouer.

« Non, répondit-elle ; mais don José en joue si bien !

225 – Soyez assez bon, lui dis-je, pour me chanter quelque chose ; j'aime à la passion votre musique nationale.

– Je ne puis rien refuser à un monsieur si honnête qui me donne de si excellents cigares », s'écria don José d'un air de bonne humeur...

230 Et, s'étant fait donner la mandoline, il chanta en s'accompagnant. Sa voix était rude, mais pourtant agréable, l'air mélancolique et bizarre ; quant aux paroles, je n'en compris pas un mot.

« Si je ne me trompe, lui dis-je, ce n'est pas un air espagnol 235 que vous venez de chanter. Cela ressemble aux *zorzicos*[3] que j'ai entendus dans les Provinces[4], et les paroles doivent être en langue basque.

– Oui », répondit don José d'un air sombre.

Il posa la mandoline à terre, et, les bras croisés, il se mit

1. **Gazpacho :** soupe espagnole, froide et épicée, à base de tomates.
2. **Outre :** sac en peau destiné à la conservation ou au transport de liquides.
3. **Zorzico :** danse accompagnée de chants.
4. Note de Mérimée (voir p. 134).

240 à contempler le feu qui s'éteignait, avec une singulière[1] expression de tristesse. Éclairée par une lampe posée sur la petite table, sa figure, à la fois noble et farouche, me rappelait le Satan de Milton[2]. Comme lui, peut-être, mon compagnon songeait au séjour qu'il avait quitté, à l'exil qu'il avait
245 encouru par une faute. J'essayai de ranimer la conversation, mais il ne répondit pas, absorbé qu'il était dans ses tristes pensées. Déjà la vieille s'était couchée dans un coin de la salle, à l'abri d'une couverture trouée tendue sur une corde. La petite fille l'avait suivie dans cette retraite réservée au beau
250 sexe[3]. Mon guide, se levant, m'invita à le suivre à l'écurie ; mais, à ce mot, don José, comme réveillé en sursaut, lui demanda d'un ton brusque où il allait.

« À l'écurie, répondit le guide.

– Pour quoi faire ? Les chevaux ont à manger. Couche ici,
255 monsieur le permettra.

– Je crains que le cheval de monsieur ne soit malade ; je voudrais que monsieur le vît : peut-être saura-t-il ce qu'il faut lui faire. »

Il était évident qu'Antonio voulait me parler en particulier ;
260 mais je ne me souciais pas de donner des soupçons à don José, et, au point où nous en étions, il me semblait que le meilleur parti à prendre était de montrer la plus grande confiance. Je répondis donc à Antonio que je n'entendais rien aux chevaux et que j'avais envie de dormir. Don José le suivit
265 à l'écurie, d'où bientôt il revint seul. Il me dit que le cheval n'avait rien, mais que mon guide le trouvait un animal si précieux, qu'il le frottait avec sa veste pour le faire transpirer, et qu'il comptait passer la nuit dans cette douce occupation. Cependant je m'étais étendu sur les couvertures de mulets,
270 soigneusement enveloppé dans mon manteau pour ne pas les toucher. Après m'avoir demandé pardon de la liberté qu'il

1. **Singulière** : étrange et inhabituelle.
2. **Milton** : poète anglais du XVIIe siècle, auteur du *Paradis perdu*.
3. **Beau sexe** : périphrase précieuse servant à désigner les femmes.

prenait de se mettre auprès de moi, don José se coucha devant la porte, non sans avoir renouvelé l'amorce de son espingole[1], qu'il eut soin de placer sous la besace qui lui servait
275 d'oreiller. Cinq minutes après nous être mutuellement souhaité le bonsoir, nous étions l'un et l'autre profondément endormis.

Je me croyais assez fatigué pour pouvoir dormir dans un pareil gîte ; mais au bout d'une heure, de très désagréables
280 démangeaisons m'arrachèrent à mon premier somme[2]. Dès que j'en eus compris la nature, je me levai, persuadé qu'il valait mieux passer le reste de la nuit à la belle étoile que sous ce toit inhospitalier. Marchant sur la pointe du pied, je gagnai la porte, j'enjambai par-dessus la couche de don José,
285 qui dormait du sommeil du juste, et je fis si bien que je sortis de la maison sans qu'il s'éveillât. Auprès de la porte était un large banc de bois ; je m'étendis dessus, et m'arrangeai de mon mieux pour achever ma nuit. J'allais fermer les yeux pour la seconde fois, quand il me sembla voir passer devant
290 moi l'ombre d'un homme et l'ombre d'un cheval marchant l'un et l'autre sans faire le moindre bruit. Je me mis sur mon séant, et je crus reconnaître Antonio. Surpris de le voir hors de l'écurie à pareille heure, je me levai et marchai à sa rencontre. Il s'était arrêté, m'ayant aperçu d'abord.

295 « Où est-il ? me demanda Antonio à voix basse.

– Dans la venta ; il dort ; il n'a pas peur des punaises. Pourquoi donc emmenez-vous ce cheval ? »

Je remarquai alors que, pour ne pas faire de bruit en sortant du hangar, Antonio avait soigneusement enveloppé les
300 pieds de l'animal avec les débris d'une vieille couverture.

« Parlez plus bas, me dit Antonio, au nom de Dieu ! Vous ne savez donc pas qui est cet homme-là. C'est José Navarro,

1. **L'amorce de son espingole** : matière détonante servant à provoquer une explosion (dans le fusil).
2. **Somme** : sommeil.

REPÈRES

• Quels sont les éléments du passage précédent (informations, comportement) qui sont repris dans cette transition ?
• Les repères temporels sont rares. Indiquez les moments de la journée implicitement évoqués en rapport avec les lieux de l'action.

OBSERVATION

• Montrez à travers le jeu des temps et la nature des verbes que le narrateur perplexe est plongé dans ses réflexions intérieures.
• Tantôt le narrateur compare l'inconnu à une bête féroce, tantôt il souligne son aspect raffiné. Retrouvez les éléments de ce portrait ambigu.
• La description réaliste de la venta semble inspirée par les souvenirs de voyage de Mérimée, notamment le coq au riz et au piment (« Le coq, au bout du voyage, est tué, plumé, mis en quartiers et jeté dans une grande poêle avec de l'huile, beaucoup de piment et du riz »). Relevez les détails qui révèlent la pauvreté, la saleté du lieu. Comparez avec le premier paysage naturel décrit au début du chapitre.
• Retrouvez les détails pittoresques qui font partie de la couleur locale : noms, cuisine, objets.
• Pourquoi la soirée est-elle finalement plus agréable que prévu ?
• L'inconnu éprouve des sentiments divers qu'il ne peut cacher : lesquels ?

INTERPRÉTATIONS

• Le débat intérieur s'apparente à une enquête policière. Comment les réflexes professionnels du narrateur réapparaissent-ils ?
• Pourquoi peut-on parler de fascination romanesque et de stratégie de séduction du narrateur qui se croit supérieur et omniscient ?
• Quels sentiments le narrateur éprouve-t-il en découvrant ce nouveau décor ? Montrez les rapports entre le milieu décrit et ses habitants. À quel autre écrivain peut-on penser ?
• « Comme lui, peut-être, mon compagnon songeait au séjour qu'il avait quitté, à l'exil qu'il avait encouru pour une faute » : les conjectures du narrateur sont-elles justes ?

le plus insigne bandit de l'Andalousie. Toute la journée je vous ai fait des signes que vous n'avez pas voulu comprendre.

305 – Bandit ou non, que m'importe ? répondis-je ; il ne nous a pas volés, et je parierais qu'il n'en a pas envie.

– À la bonne heure ; mais il y a deux cents ducats pour qui le livrera. Je sais un poste de lanciers à une lieue et demie d'ici, et avant qu'il soit jour, j'amènerai quelques gaillards 310 solides. J'aurais pris son cheval, mais il est si méchant que nul que le Navarro ne peut en approcher.

– Que le diable vous emporte ! lui dis-je. Quel mal vous a fait ce pauvre homme pour le dénoncer ? D'ailleurs, êtes-vous sûr qu'il soit le brigand que vous dites ?

315 – Parfaitement sûr ; tout à l'heure il m'a suivi dans l'écurie et m'a dit : “Tu as l'air de me connaître ; si tu dis à ce bon monsieur qui je suis, je te fais sauter la cervelle.” Restez, monsieur, restez auprès de lui ; vous n'avez rien à craindre. Tant qu'il vous saura là, il ne se méfiera de rien. »

320 Tout en parlant nous nous étions déjà assez éloignés de la venta pour qu'on ne pût entendre les fers du cheval. Antonio l'avait débarrassé en un clin d'œil des guenilles dont il lui avait enveloppé les pieds ; il se préparait à enfourcher sa monture. J'essayai prières et menaces pour le retenir.

325 « Je suis un pauvre diable, monsieur, me dit-il ; deux cents ducats ne sont pas à perdre, surtout quand il s'agit de délivrer le pays de pareille vermine[1]. Mais prenez garde ; si le Navarro se réveille, il sautera sur son espingole, et gare à vous ! Moi je suis trop avancé pour reculer ; arrangez-vous 330 comme vous pourrez. »

Le drôle[2] était en selle ; il piqua des deux[3] et dans l'obscurité je l'eus bientôt perdu de vue.

J'étais fort irrité contre mon guide et passablement inquiet. Après un instant de réflexion, je me décidai et rentrai dans

1. **Vermine :** groupe de personnes viles et nuisibles.
2. **Drôle :** homme rusé et peu fiable, coquin.
3. **Il piqua des deux :** « des deux éperons », pour que le cheval galope.

335 la venta. Don José dormait encore, réparant sans doute en ce moment les fatigues et les veilles de plusieurs journées aventureuses. Je fus obligé de le secouer rudement pour l'éveiller. Jamais je n'oublierai son regard farouche et le mouvement qu'il fit pour saisir son espingole, que, par mesure de précau-
340 tion, j'avais mise à quelque distance de sa couche.

« Monsieur, lui dis-je, je vous demande pardon de vous éveiller ; mais j'ai une sotte question à vous faire : seriez- vous bien aise de voir arriver ici une demi-douzaine de lanciers[1] ? »

345 Il sauta en pieds, et d'une voix terrible :

« Qui vous l'a dit ? me demanda-t-il.

– Peu importe d'où vient l'avis pourvu qu'il soit bon.

– Votre guide m'a trahi, mais il me le payera. Où est-il ?

– Je ne sais... Dans l'écurie, je pense... mais quelqu'un m'a
350 dit...

– Qui vous a dit ?... Ce ne peut être la vieille...

– Quelqu'un que je ne connais pas... Sans plus de paroles, avez-vous, oui ou non, des motifs pour ne pas attendre les soldats ? Si vous en avez, ne perdez pas de temps ; sinon
355 bonsoir, et je vous demande pardon d'avoir interrompu votre sommeil.

– Ah ! votre guide ! votre guide ! Je m'en étais méfié d'abord... mais... son compte est bon !... Adieu, monsieur. Dieu vous rende le service que je vous dois. Je ne suis pas
360 tout à fait aussi mauvais que vous me croyez... oui ; il y a encore en moi quelque chose qui mérite la pitié d'un galant homme... Adieu, monsieur... Je n'ai qu'un regret, c'est de ne pouvoir m'acquitter envers vous.

– Pour prix du service que je vous ai rendu, promettez-
365 moi, don José, de ne soupçonner personne, de ne pas songer à la vengeance. Tenez, voilà des cigares pour votre route ; bon voyage ! »

Et je lui tendis la main.

---

1. **Lancier : policier à cheval armé d'une lance.**

Il me la serra sans répondre, prit son espingole et sa besace, 370 et, après avoir dit quelques mots à la vieille dans un argot que je ne pus comprendre, il courut au hangar. Quelques instants après, je l'entendais galoper dans la campagne.

Pour moi, je me recouchai sur mon banc, mais je ne me rendormis point. Je me demandais si j'avais eu raison de sau- 375 ver de la potence un voleur, et peut-être un meurtrier, et cela seulement parce que j'avais mangé du jambon avec lui et du riz à la valencienne. N'avais-je pas trahi mon guide qui soutenait la cause des lois ? Ne l'avais-je pas exposé à la vengeance d'un scélérat ? Mais les devoirs de l'hospitalité !... Pré- 380 jugé de sauvage me disais-je ; j'aurai à répondre de tous les crimes que le bandit va commettre... Pourtant est-ce un préjugé que cet instinct de conscience qui résiste à tous les raisonnements ? Peut-être, dans la situation délicate où je me trouvais, ne pouvais-je m'en tirer sans remords.

385 Je flottais encore dans la plus grande incertitude au sujet de la moralité de mon action, lorsque je vis paraître une demi-douzaine de cavaliers avec Antonio, qui se tenait prudemment à l'arrière-garde. J'allai au-devant d'eux, et les prévins que le bandit avait pris la fuite depuis plus de deux 390 heures. La vieille, interrogée par le brigadier, répondit qu'elle connaissait le Navarro, mais que, vivant seule, elle n'aurait jamais osé risquer sa vie en le dénonçant. Elle ajouta que son habitude, lorsqu'il venait chez elle, était de partir toujours au milieu de la nuit. Pour moi, il me fallut aller, à quelques lieues 395 de là, exhiber mon passeport et signer une déclaration devant un alcade[1], après quoi on me permit de reprendre mes recherches archéologiques. Antonio me gardait rancune, soupçonnant que c'était moi qui l'avais empêché de gagner les deux cents ducats. Pourtant nous nous séparâmes bons 400 amis à Cordoue ; là, je lui donnai une gratification aussi forte que l'état de mes finances pouvait me le permettre.

1. **Alcade :** juge.

REPÈRES

• Relevez les indications temporelles : moments et durée.
• Montrez que l'endroit choisi par le narrateur pour dormir est particulièrement stratégique.

OBSERVATION

• Énumérez les différents lieux en soulignant le jeu d'opposition (clôture/ouverture, immobilité/fuite).
• Retrouvez le champ lexical du mouvement.
• La vision subjective et incertaine du narrateur est renforcée par les procédés de modalisation. Donnez quelques exemples.
• Quel est le temps le plus souvent utilisé ? Donnez sa valeur.
• Les dialogues sont plus nombreux que dans les passages précédents (qui étaient plus narratifs et descriptifs). Caractérisez la ponctuation et les modes utilisés. Soulignez l'opposition entre les arguments du guide et ceux du narrateur.
• Quels sont les termes utilisés par le narrateur pour désigner le guide et l'inconnu ?
• Quelles sont les caractéristiques du monologue intérieur ? Comment se traduisent le désarroi du narrateur et la violence de ses sentiments contradictoires ? Étudiez le rythme et la longueur des phrases.
• Que fait le narrateur à la fin de l'épisode ?

INTERPRÉTATIONS

• Étudiez la valeur symbolique des lieux, entre hospitalité et enfermement.
• Montrez comment le rythme s'accélère et comment l'aventure devient plus complexe.
• Prouvez que dans les dialogues la parole est performative, c'est-à-dire qu'elle précède de peu l'action qu'elle déclenche.
• Analysez le mystère qui règne, la montée de la tension et des menaces.
• Pourquoi le narrateur aide-t-il le brigand et n'imite-t-il pas le guide ? Relevez les indices qui trahissent ses sentiments de sympathie fraternelle.
• À travers les divers mouvements et réflexions du narrateur, peut-on déceler un dilemme ? Entre quelles valeurs et quelles lois ?
• Montrez que le narrateur joue la comédie comme la vieille femme et essaie de sauver les apparences sans pour autant trahir l'inconnu.

Le poids de l'érudition

La nouvelle s'ouvre sur des considérations savantes, des débats entre « géographes » et « archéologues », dominés par la voix et le regard d'un narrateur imbu de sa personne (« En attendant que ma dissertation résolve enfin le problème géographique qui tient toute l'Europe savante en suspens ») et hanté par les fantômes de l'histoire (« Ô César ! ô Sextus Pompée ! que vous seriez surpris si vous reveniez au monde ! ») et le souvenir de ses lectures (« quelques renseignements recueillis dans l'excellente bibliothèque du duc d'Osuna », « [je] m'étais mis en campagne avec les *Commentaires* de César »).

Premières rencontres

L'enquête sur le passé passe par une exploration du pays (« J'avais loué à Cordoue un guide et deux chevaux »). La confrontation avec la réalité est rude, car la nature et les hommes semblent parfois hostiles au narrateur « harassé de fatigue, mourant de soif, brûlé par un soleil de plomb » et surpris par « l'espingole et l'air farouche » de l'inconnu. La description détaillée du cadre (le « cirque naturel », « la venta ») s'oppose au mystère qui entoure le personnage dont on ignore presque tout (nom, profession), hormis l'aspect physique et quelques informations (jeunesse, origines basques, allure noble). Les autres personnages n'ont pas un air plus engageant (« une vieille femme et une petite fille [...] toutes les deux de couleur de suie et vêtues d'horribles haillons », le guide lâche et cupide).

Une atmosphère picaresque

Le narrateur a un esprit romanesque et rêve en fait de rencontrer un brigand (« On n'en voit pas tous les jours ») comme Mérimée (Troisième *Lettre d'Espagne* : « Me voici de retour à Madrid, après avoir parcouru pendant plusieurs mois, et dans tous les sens, l'Andalousie, cette terre classique des voleurs, sans en rencontrer un seul. J'en suis presque honteux »). Le voyage est pourtant propice aux rencontres ainsi que les lieux traversés, en particulier la venta au nom sinistre (« l'auberge du Corbeau »). Les personnages secondaires sont stérotypés (le guide, la vieille, l'enfant). Après un début plutôt lent et bavard, le rythme s'accélère, favorisé par les circonstances (la nuit), les dialogues pressés, les mouvements rapides et les rebondissements.

CHAPITRE II

JE PASSAI quelques jours à Cordoue. On m'avait indiqué certain manuscrit de la bibliothèque des Dominicains, où je devais trouver des renseignements intéressants sur l'antique Munda. Fort bien accueilli par les bons Pères, je passais les
5 journées dans leur couvent, et le soir je me promenais par la ville. À Cordoue, vers le coucher du soleil, il y a quantité d'oisifs[1] sur le quai qui borde la rive droite du Guadalquivir. Là, on respire les émanations d'une tannerie qui conserve encore l'antique renommée du pays pour la préparation des
10 cuirs ; mais, en revanche, on y jouit d'un spectacle qui a bien son mérite. Quelques minutes avant l'angélus[2], un grand nombre de femmes se rassemblent sur le bord du fleuve, au bas du quai, lequel est assez élevé. Pas un homme n'oserait se mêler à cette troupe. Aussitôt que l'angélus sonne, il est
15 censé qu'il fait nuit. Au dernier coup de cloche, toutes ces femmes se déshabillent et entrent dans l'eau. Alors ce sont des cris, des rires, un tapage infernal. Du haut du quai, les hommes contemplent les baigneuses, écarquillent les yeux, et ne voient pas grand-chose. Cependant ces formes blanches et
20 incertaines qui se dessinent sur le sombre azur du fleuve font travailler les esprits poétiques, et, avec un peu d'imagination, il n'est pas difficile de se représenter Diane et ses nymphes au bain, sans avoir à craindre le sort d'Actéon[3]. On m'a dit que quelques mauvais garnements se cotisèrent certain jour, pour

1. **Oisifs :** flâneurs.
2. **Angélus :** prière (matin, midi et soir) à la Vierge, annoncée par un son de cloche.
3. **Actéon :** chasseur qui surprit Diane pendant son bain et fut métamorphosé en cerf avant d'être dévoré par ses propres chiens.

Bohémienne de Séville, lithographie de Gustave Doré, vers 1848. Bibliothèque Nationale, Paris.

25 graisser la patte au sonneur de la cathédrale et lui faire sonner l'angélus vingt minutes avant l'heure légale. Bien qu'il fît encore grand jour, les nymphes du Guadalquivir n'hésitèrent pas, et se fiant plus à l'angélus qu'au soleil, elles firent en sûreté de conscience leur toilette de bain, qui est toujours des 30 plus simples. Je n'y étais pas. De mon temps, le sonneur était incorruptible, le crépuscule peu clair, et un chat seulement aurait pu distinguer la plus vieille marchande d'oranges de la plus jolie grisette[1] de Cordoue.

Un soir, à l'heure où l'on ne voit plus rien, je fumais, 35 appuyé sur le parapet du quai, lorsqu'une femme, remontant l'escalier qui conduit à la rivière, vint s'asseoir près de moi. Elle avait dans les cheveux un gros bouquet de jasmin, dont les pétales exhalent le soir une odeur enivrante. Elle était simplement, peut-être pauvrement vêtue, tout en noir, comme la 40 plupart des grisettes dans la soirée. Les femmes comme il faut ne portent le noir que le matin ; le soir, elles s'habillent *a la francesa*[2]. En arrivant auprès de moi, ma baigneuse laissa glisser sur ses épaules la mantille[3] qui lui couvrait la tête, et, « à l'obscure clarté qui tombe des étoiles[4] », je vis qu'elle 45 était petite, jeune, bien faite, et qu'elle avait de très grands yeux. Je jetai mon cigare aussitôt. Elle comprit cette attention d'une politesse toute française, et se hâta de me dire qu'elle aimait beaucoup l'odeur du tabac, et que même elle fumait, quand elle trouvait des *papelitos*[5] bien doux. Par bonheur, 50 j'en avais de tels dans mon étui, et je m'empressai de lui en offrir. Elle daigna en prendre un, et l'alluma à un bout de corde enflammé qu'un enfant nous apporta moyennant un sou. Mêlant nos fumées, nous causâmes si longtemps, la belle baigneuse et moi, que nous nous trouvâmes presque seuls sur

1. **Grisette :** jeune fille de mœurs légères, issue d'un milieu modeste.
2. **A la francesa :** « à la française », c'est-à-dire avec des couleurs (s'opposant aux vêtements noirs du matin).
3. **Mantille :** châle de dentelle noire couvrant la tête et les épaules.
4. **Citation du *Cid*** de Corneille (acte IV, scène 3).
5. **Papelitos :** cigarettes.

55 le quai. Je crus n'être point indiscret en lui offrant d'aller prendre des glaces à la *neveria*[1]. Après une hésitation modeste elle accepta ; mais avant de se décider, elle désira savoir quelle heure il était. Je fis sonner ma montre, et cette sonnerie parut l'étonner beaucoup.

60 « Quelles inventions on a chez vous, messieurs les étrangers ! De quel pays êtes-vous, monsieur ? Anglais sans doute[2].

– Français et votre grand serviteur. Et vous mademoiselle, ou madame, vous êtes probablement de Cordoue ?

65 – Non.

– Vous êtes du moins Andalouse. Il me semble le reconnaître à votre doux parler.

– Si vous remarquez si bien l'accent du monde, vous devez bien deviner qui je suis.

70 – Je crois que vous êtes du pays de Jésus, à deux pas du paradis. »

(J'avais appris cette métaphore, qui désigne l'Andalousie, de mon ami Francisco Sevilla, picador[3] bien connu.)

« Bah ! le paradis... les gens d'ici disent qu'il n'est pas fait 75 pour nous.

– Alors, vous seriez donc Moresque, ou... »

Je m'arrêtai, n'osant dire : Juive.

« Allons allons ! vous voyez bien que je suis bohémienne, voulez-vous que je vous dise la *baji*[4] ? Avez-vous entendu 80 parler de la Carmencita ? C'est moi. »

J'étais alors un tel mécréant[5], il y a de cela quinze ans, que je ne reculai pas d'horreur en me voyant à côté d'une sorcière. « Bon ! me dis-je ; la semaine passée, j'ai soupé avec un voleur de grand chemin, allons aujourd'hui prendre des

1. Note de Mérimée (voir p. 134).
2. Note de Mérimée (voir p. 134).
3. **Picador** : celui qui pique le taureau pour le fatiguer.
4. Note de Mérimée (voir p. 135).
5. **Mécréant** : qui ne croit pas en Dieu.

85 glaces avec une servante du diable. En voyage il faut tout voir. » J'avais encore un autre motif pour cultiver sa connaissance. Sortant du collège, je l'avouerai à ma honte, j'avais perdu quelque temps à étudier les sciences occultes et même plusieurs fois j'avais tenté de conjurer l'esprit de ténèbres[1].
90 Guéri depuis longtemps de la passion de semblables recherches, je n'en conservais pas moins un certain attrait de curiosité pour toutes les superstitions, et me faisais une fête d'apprendre jusqu'où s'était élevé l'art de la magie parmi les bohémiens.

95 Tout en causant, nous étions entrés dans la *neveria*, et nous nous étions assis à une petite table éclairée par une bougie renfermée dans un globe de verre. J'eus alors tout le loisir d'examiner ma *gitana* pendant que quelques honnêtes gens s'ébahissaient[2], en prenant leurs glaces, de me voir en si
100 bonne compagnie.

Je doute fort que Mlle Carmen fût de race pure, du moins elle était infiniment plus jolie que toutes les femmes de sa nation que j'aie jamais rencontrées. Pour qu'une femme soit belle, disent les Espagnols, il faut qu'elle réunisse trente *si*,
105 ou, si l'on veut, qu'on puisse la définir au moyen de dix adjectifs applicables chacun à trois parties de sa personne. Par exemple, elle doit avoir trois choses noires : les yeux, les paupières et les sourcils ; trois fines, les doigts, les lèvres, les cheveux, etc. Voyez Brantôme[3] pour le reste. Ma bohé-
110 mienne ne pouvait prétendre à tant de perfections. Sa peau, d'ailleurs parfaitement unie, approchait fort de la teinte du cuivre. Ses yeux étaient obliques, mais admirablement fendus ; ses lèvres un peu fortes, mais bien dessinées et laissant voir des dents plus blanches que des amandes dans leur peau.
115 Ses cheveux, peut-être un peu gros, étaient noirs, à reflets

1. **L'esprit de ténèbres :** le Malin, le diable.
2. **S'ébahissaient :** s'étonnaient.
3. **Brantôme :** auteur (1538-1614) de *Vies des dames galantes*, ouvrage licencieux.

Carmen (Dorothy Dandridge), Jo (Harry Belafonte),
dans une libre adaptation cinématographique d'Otto Preminger :
Carmen Jones, *1965.*

bleus comme l'aile d'un corbeau, longs et luisants. Pour ne pas vous fatiguer d'une description trop prolixe[1], je vous dirai en somme qu'à chaque défaut elle réunissait une qualité qui ressortait peut-être plus fortement par le contraste. C'était 120 une beauté étrange et sauvage, une figure qui étonnait d'abord, mais qu'on ne pouvait oublier. Ses yeux surtout avaient une expression à la fois voluptueuse et farouche que

1. **Prolixe :** inutilement détaillé et trop bavard.

je n'ai trouvée depuis à aucun regard humain. Œil de bohémien, œil de loup, c'est un dicton espagnol qui dénote une
125 bonne observation. Si vous n'avez pas le temps d'aller au Jardin des Plantes pour étudier le regard d'un loup, considérez votre chat quand il guette un moineau.

On sent qu'il eût été ridicule de se faire tirer la bonne aventure dans un café. Aussi je priai la jolie sorcière de me
130 permettre de l'accompagner à son domicile ; elle y consentit sans difficulté, mais elle voulut connaître encore la marche du temps, et me pria de nouveau de faire sonner ma montre.

« Est-elle vraiment d'or ? » dit-elle en la considérant avec une excessive attention.

135 Quand nous nous remîmes en marche, il était nuit close ; la plupart des boutiques étaient fermées et les rues presque désertes. Nous passâmes le pont du Guadalquivir, et à l'extrémité du faubourg, nous nous arrêtâmes devant une maison qui n'avait nullement l'apparence d'un palais. Un enfant nous
140 ouvrit. La bohémienne lui dit quelques mots dans une langue à moi inconnue, que je sus depuis être le *rommani* ou *chipe calli*, l'idiome[1] des gitanos. Aussitôt l'enfant disparut, nous laissant dans une chambre assez vaste, meublée d'une petite table, de deux tabourets et d'un coffre. Je ne dois point
145 oublier une jarre d'eau, un tas d'oranges et une botte d'oignons.

Dès que nous fûmes seuls, la bohémienne tira de son coffre des cartes qui paraissaient avoir beaucoup servi, un aimant, un caméléon desséché, et quelques autres objets nécessaires à
150 son art. Puis elle me dit de faire la croix dans ma main gauche avec une pièce de monnaie, et les cérémonies magiques commencèrent. Il est inutile de vous rapporter ses prédictions, et, quant à sa manière d'opérer, il était évident qu'elle n'était pas sorcière à demi.

155 Malheureusement nous fûmes bientôt dérangés. La porte

1. **Idiome :** langue d'une région, d'un groupe.

REPÈRES

• Comment s'opère la transition entre les deux chapitres ?
• Montrez que l'on retrouve l'atmosphère et le rythme du début du premier chapitre.

OBSERVATION

• Examinez les verbes. Quel est le temps le plus fréquemment utilisé au début de ce chapitre ? Donnez des précisions sur sa valeur.
• Dégagez toutes les étapes de la rencontre galante en distinguant bien regards, gestes et paroles. Quel est le temps des verbes ? Repérez les éléments mystérieux qui mettent en valeur ce personnage énigmatique.
• Les deux personnages appartiennent à des univers différents. Comment les différences sont-elles soulignées (langues, origines) ?
• Quels sont les points communs entre les rencontres des chapitres I et II (circonstances et personnages) ?
• Le choix des détails physiques : relevez les qualités et les défauts (par rapport aux canons de l'époque) dans le portrait de Carmen. Trouvez des expressions ou des propos empreints de superstition. Peut-on vraiment parler de passion amoureuse ? Quel est le sentiment éprouvé par le narrateur ?
• Comparez les détails du passage avec le chapitre précédent en analysant les termes suivants : « corbeau », « farouche », « loup ».

INTERPRÉTATIONS

• À quoi servent les détails anecdotiques sur le rite des baigneuses ?
• Justifiez le choix de l'allusion mythologique par rapport à l'image de la femme.
• Qui prend les initiatives dans cette scène de première rencontre ? Quelle est la part de comédie et de stratégie de séduction chez Carmen ?
• Le narrateur semble fasciné par la gitane. Que représente-t-elle pour lui et pour les autres ?
• Montrez que Carmen présente des caractéristiques qui l'éloignent de l'humanité commune et la rapprochent des créatures animales ou diaboliques. Que laisse présager le jeu des contrastes physiques ? À quel autre personnage plus fantastique de l'œuvre de Mérimée vous fait-elle penser ?
• Étudiez les liens entre les deux personnages successivement rencontrés par le narrateur. Quelles sont leur valeur et leur fonction dans le récit ?

s'ouvrit tout à coup avec violence, et un homme, enveloppé jusqu'aux yeux dans un manteau brun, entra dans la chambre en apostrophant la bohémienne d'une façon peu gracieuse. Je n'entendais pas[1] ce qu'il disait, mais le ton de
160 sa voix indiquait qu'il était de fort mauvaise humeur. À sa vue, la gitana ne montra ni surprise ni colère, mais elle accourut à sa rencontre, et avec une volubilité extraordinaire, lui adressa quelques phrases dans la langue mystérieuse dont elle s'était déjà servie devant moi. Le mot *payllo*[2], souvent répété,
165 était le seul mot que je comprisse. Je savais que les bohémiens désignent ainsi tout homme étranger à leur race. Supposant qu'il s'agissait de moi, je m'attendais à une explication délicate ; déjà j'avais la main sur le pied d'un des tabourets, et je syllogisais[3] à part moi pour deviner le moment précis où
170 il conviendrait de le jeter à la tête de l'intrus. Celui-ci repoussa rudement la bohémienne, et s'avança vers moi ; puis, reculant d'un pas :

« Ah ! monsieur, dit-il, c'est vous ! »

Je le regardai à mon tour, et reconnus mon ami don José.
175 En ce moment, je regrettais un peu de ne pas l'avoir laissé pendre.

« Eh ! c'est vous, mon brave, m'écriai-je en riant le moins jaune que je pus ; vous avez interrompu mademoiselle au moment où elle m'annonçait des choses bien intéressantes.

180 – Toujours la même ! Ça finira », dit-il entre ses dents, attachant sur elle un regard farouche.

Cependant la bohémienne continuait à lui parler dans sa langue. Elle s'animait par degrés. Son œil s'injectait de sang et devenait terrible, ses traits se contractaient, elle frappait du
185 pied. Il me sembla qu'elle le pressait vivement de faire quelque chose à quoi il montrait de l'hésitation. Ce que c'était, je croyais ne le comprendre que trop à la voir passer

---

1. **Je n'entendais pas :** je ne comprenais pas.
2. **Payllo :** désigne celui qui n'appartient pas à la communauté des gitans.
3. **Je syllogisais :** je raisonnais de manière ridicule.

et repasser vivement sa petite main sous son menton. J'étais tenté de croire qu'il s'agissait d'une gorge à couper, et j'avais
190 quelques soupçons que cette gorge ne fût la mienne.

À tout ce torrent d'éloquence, don José ne répondit que par deux ou trois mots prononcés d'un ton bref. Alors la bohémienne lui lança un regard de profond mépris ; puis s'asseyant à la turque dans un coin de la chambre, elle choisit
195 une orange, la pela et se mit à la manger.

Don José me prit le bras, ouvrit la porte et me conduisit dans la rue. Nous fîmes environ deux cents pas dans le plus profond silence. Puis, étendant la main :

« Toujours tout droit, dit-il, et vous trouverez le pont. »

200 Aussitôt il me tourna le dos et s'éloigna rapidement. Je revins à mon auberge un peu penaud[1] et d'assez mauvaise humeur. Le pire fut qu'en me déshabillant, je m'aperçus que ma montre me manquait.

Diverses considérations m'empêchèrent d'aller la réclamer
205 le lendemain, ou de solliciter M. le Corrégidor[2] pour qu'il voulût bien la faire chercher. Je terminai mon travail sur le manuscrit des Dominicains et je partis pour Séville. Après plusieurs mois de courses errantes en Andalousie, je voulus retourner à Madrid, et il me fallut repasser par Cordoue. Je
210 n'avais pas l'intention d'y faire un long séjour, car j'avais pris en grippe cette belle ville. Cependant quelques amis à revoir, quelques commissions à faire devaient me retenir au moins trois ou quatre jours dans l'antique capitale des princes musulmans.

215 Dès que je reparus au couvent des Dominicains, un des pères qui m'avait toujours montré un vif intérêt dans mes recherches sur l'emplacement de Munda, m'accueillit les bras ouverts en s'écriant :

« Loué soit le nom de Dieu ! Soyez le bienvenu, mon cher
220 ami. Nous vous croyions tous mort, et moi, qui vous parle,

1. **Penaud :** honteux et confus, après un échec ou une déception.
2. **Le Corrégidor :** le plus grand magistrat de la ville.

Repères

- Quel est le procédé qui permet de passer d'un épisode à l'autre ?
- Comment la perception du temps qui passe est-elle indiquée ?

Observation

- Trouvez une expression paradoxale utilisée pour désigner Carmen. Quels sont les autres termes employés par le narrateur ? Relevez deux litotes.
- La scène met en valeur un objet apparemment anodin, mais à plusieurs reprises regardé, manipulé et qui disparaît finalement : lequel ?
- Relevez tous les verbes de mouvement et le temps utilisé.
- Donnez des exemples de détails descriptifs réalistes.
- Qui voit et commente la scène ? Peut-on alors parler de point de vue omniscient ?
- Quels sont dans ce passage les éléments inquiétants ou douteux ?
- Repérez un coup de théâtre et un renversement de situation.
- Quelles appellations don José et le narrateur utilisent-ils ?

Interprétations

- En tenant compte de l'alternance de moments de pause et d'action, étudiez le rythme de l'ensemble du passage.
- Montrez à travers les différentes désignations utilisées par le narrateur que Carmen est un être de fuite, trompeur et changeant.
- En fonction de son aspect et de l'usage qui en est fait, analysez la valeur symbolique de la montre.
- Étudiez le contraste entre les détails pittoresques et l'atmosphère mystérieuse liée aux paroles et aux gestes des personnages, en montrant l'importance du point de vue. Cette description (« une chambre assez vaste, meublée d'une petite table, de deux tabourets et d'un coffre ») vous rappelle-t-elle un autre décor plus sordide encore ?
- Pourquoi le narrateur est-il passif et impuissant ? Dans quelle mesure la fin de la rencontre chez Carmen constitue-t-elle le symétrique de l'épisode de la venta (le sauveur est sauvé) ? Quelle est la fonction de don José et quels sont les liens entre les deux hommes ?

j'ai récité bien des *pater* et des *ave*, que je ne regrette pas, pour le salut de votre âme. Ainsi vous n'êtes pas assassiné, car pour volé, nous savons que vous l'êtes ?

– Comment cela ? demandai-je un peu surpris.

225 – Oui, vous savez bien, cette belle montre à répétition que vous faisiez sonner dans la bibliothèque, quand nous vous disions qu'il était temps d'aller au chœur[1]. Eh bien ! est retrouvée, on vous la rendra.

– C'est-à-dire, interrompis-je un peu décontenancé, que je 230 l'avais égarée...

– Le coquin est sous les verrous, et, comme on savait qu'il était homme à tirer un coup de fusil à un chrétien pour lui prendre une piécette, nous mourions de peur qu'il ne vous eût tué. J'irai avec vous chez le corrégidor, et nous vous 235 ferons rendre votre belle montre. Et puis, avisez-vous de dire là-bas que la justice ne sait pas son métier en Espagne !

– Je vous avoue, lui dis-je, que j'aimerais mieux perdre ma montre que de témoigner en justice, pour faire pendre un pauvre diable, surtout parce que... parce que...

240 – Oh ! n'ayez aucune inquiétude ; il est bien recommandé, et on ne peut le pendre deux fois. Quand je dis pendre, je me trompe. C'est un hidalgo[2] que votre voleur ; il sera donc garrotté[3] après-demain sans rémission[4]. Vous voyez qu'un vol de plus ou de moins ne changera rien à son affaire. Plût 245 à Dieu qu'il n'eût que volé ! mais il a commis plusieurs meurtres, tous plus horribles les uns que les autres.

– Comment se nomme-t-il ?

– On le connaît dans le pays sous le nom de José Navarro, mais il a encore un autre nom basque, que ni vous ni moi ne 250 prononcerons jamais. Tenez, c'est un homme à voir, et vous

1. **Aller au chœur :** sous-entendu de l'église.
2. **Hidalgo :** noble.
3. **Garrotté :** étranglé avec un garrot (instrument de supplice : collier de fer qu'on serre avec une vis).
4. Note de Mérimée (voir p. 135).

qui aimez à connaître les singularités du pays, vous ne devez pas négliger d'apprendre comment en Espagne les coquins[1] sortent de ce monde. Il est en chapelle, et le père Martinez vous y conduira. »

255 Mon dominicain insista tellement pour que je visse les apprêts du « petit pendement pien choli[2] », que je ne pus m'en défendre. J'allai voir le prisonnier, muni d'un paquet de cigares qui, je l'espérais, devaient lui faire excuser mon indiscrétion.

260 On m'introduisit auprès de don José, au moment où il prenait son repas. Il me fit un signe de tête assez froid, et me remercia poliment du cadeau que je lui apportais. Après avoir compté les cigares du paquet que j'avais mis entre ses mains, il en choisit un certain nombre, et me rendit le reste, obser-265 vant qu'il n'avait pas besoin d'en prendre davantage.

Je lui demandai si, avec un peu d'argent, ou par le crédit de mes amis, je pourrais obtenir quelque adoucissement[3] à son sort. D'abord il haussa les épaules en souriant avec tristesse ; bientôt, se ravisant, il me pria de faire dire une messe 270 pour le salut de son âme.

« Voudriez-vous, ajouta-t-il timidement, voudriez-vous en faire dire une autre pour une personne qui vous a offensé ?

– Assurément, mon cher, lui dis-je ; mais personne, que je sache, ne m'a offensé en ce pays. »

275 Il me prit la main et la serra d'un air grave. Après un moment de silence, il reprit :

« Oserai-je encore vous demander un service ?... Quand vous reviendrez dans votre pays, peut-être passerez-vous par la Navarre ; au moins vous passerez par Vittoria, qui n'en 280 est pas fort éloignée.

– Oui, lui dis-je, je passerai certainement par Vittoria ;

1. **Coquins :** canailles, scélérats.
2. Citation de *M. de Pourceaugnac* de Molière (acte III, scène 3).
3. **Adoucissement :** fait de rendre moins pénible (une situation, des conditions de vie...).

mais il n'est pas impossible que je me détourne[1] pour aller à Pampelune, et, à cause de vous, je crois que je ferais volontiers ce détour.

285 – Eh bien ! si vous allez à Pampelune, vous y verrez plus d'une chose qui vous intéressera... C'est une belle ville... Je vous donnerai cette médaille (il me montrait une petite médaille d'argent qu'il portait au cou), vous l'envelopperez dans du papier... Il s'arrêta un instant pour maîtriser son 290 émotion... et vous la remettrez ou vous la ferez remettre à une bonne femme dont je vous dirai l'adresse. Vous direz que je suis mort, vous ne direz pas comment. »

Je promis d'exécuter sa commission[2]. Je le revis le lendemain, et je passai une partie de la journée avec lui. C'est de 295 sa bouche que j'ai appris les tristes aventures qu'on va lire.

1. **Je me détourne** : je fasse un détour (trajet plus long qui s'écarte du chemin initial).
2. **Commission** : mission confiée.

REPÈRES

• Indiquez les changements temporels et spatiaux.
• Montrez que la transition se présente sous forme condensée, comme s'il s'agissait d'un résumé d'événements sans importance par rapport à ce qui va suivre.

OBSERVATION

• Relevez les termes négatifs qui révèlent la lassitude du narrateur et les mauvais souvenirs qu'il a gardés de Cordoue.
• Trouvez deux termes qui appartiennent au champ lexical de la surprise.
• Gestes, paroles, ponctuation, ton révèlent la force des sentiments du dominicain. Faites-en un relevé représentatif en soulignant les exagérations.
• Quels sont les termes péjoratifs utilisés par le père pour désigner don José ? Comment le considère-t-il et quelle remarque particulière fait-il sur son véritable nom et sur ses origines ?
• Le repas et les cigares font penser à un épisode précédent : lequel ?
• La scène des retrouvailles est sobre : montrez-le en relevant les propos et les gestes, en particulier ceux de don José.

INTERPRÉTATIONS

• Pourquoi Cordoue est-elle une ville fatale, un piège pour deux personnages malchanceux ? Comment interpréter le retour du narrateur dans cette ville qui lui a pourtant porté malheur ?
• Quel est le nouveau coup de théâtre qui fait basculer le récit ?
• Pourquoi y a-t-il malentendu entre le dominicain et le narrateur au sujet de la montre et du criminel ? Le dominicain est-il ridiculisé ? Quelles sont les expressions qui révèlent son manque de charité chrétienne et d'ouverture d'esprit ?
• Comme à la fin du chapitre précédent, le narrateur se retrouve involontairement et bien malgré lui du côté de l'ordre. Comment se manifeste sa discrète sympathie à l'égard du condamné ?
• Pourquoi Mérimée refuse-t-il les effets pathétiques attendus ? Commentez le contraste entre les trois rencontres du narrateur et de don José, croisements de destins tragiques sous le signe de la mort. Quelle est la valeur sentimentale de la médaille et de la messe ? Rapprochez ces deux éléments de la fin du chapitre III, juste avant la mort de Carmen.

Une scène de séduction

Non seulement les scènes de rencontre (chap. I : le narrateur et don José ; chap. II : le narrateur et Carmen) se ressemblent mais les scènes de séduction également (Carmen séduit le narrateur et subjugue don José), d'où l'effet d'emboîtement des récits et de dédoublement entre les personnages. En effet, les deux hommes sont victimes de la même beauté fatale et seul le narrateur s'échappe et survit de justesse.
Dans les chapitres II et III, le cigare constitue le point de départ de l'intrigue sentimentale (cigare fumé par le narrateur, manufacture de tabac de Séville) et on assiste à un subtil jeu entre le prédateur et sa victime. Carmen, qui porte un bouquet de fleurs odorantes (jasmin, fleur de cassie), se découvre d'un geste coquet (« laissa glisser sur ses épaules la mantille qui lui couvrait la tête », « Elle écartait sa mantille afin de montrer ses épaules ») et fait les premiers pas dans ce ballet de séduction mortel jouant sur le regard qui hypnotise et la parole qui captive.

Le traquenard

L'impression d'enfermement domine dans ce chapitre. En effet, Carmen attire toujours ses victimes dans des mauvais lieux, don José chez Dorothée et le narrateur chez elle (« je priai la jolie sorcière de me permettre de l'accompagner à son domicile »). Les espaces clos et intimes (la maison) sont bien plus dangereux que les lieux publics (neveria ou entrée de la manufacture). L'isolement de la proie est accentué par l'absence de lumière (« Un soir, à l'heure où l'on ne voit plus rien », « il était nuit close ») et de gens (« les rues presque désertes »).
Le salut vient de l'extérieur avec l'arrivée inopinée de don José et la sortie qui s'apparente à une fuite : « Don José me prit le bras, ouvrit la porte, et me conduisit dans la rue ». En fait, celui qui croyait prendre (le narrateur-séducteur) est pris, de même que le narrateur est sauvé par celui qu'il a sauvé des lanciers à la fin du chapitre I.
Les objets jouent un rôle important, comme dans une enquête policière. Ainsi la montre passe-t-elle de mains en mains et rappelle le temps qui passe et qui est compté pour le condamné. La médaille confiée au narrateur est le seul objet qui reste, souvenir du défunt qui a la même valeur que le témoignage. Celui-ci résonne comme un adieu et comme une ultime confession.

CHAPITRE III

JE SUIS NÉ, dit-il, à Elizondo, dans la vallée de Baztan. Je m'appelle don José Lizzarrabengoa, et vous connaissez assez l'Espagne, monsieur, pour que mon nom vous dise aussitôt que je suis Basque et vieux chrétien. Si je prends le *don*[1],
5 c'est que j'en ai le droit, et si j'étais à Elizondo, je vous montrerais ma généalogie sur un parchemin. On voulait que je fusse d'Église, et l'on me fit étudier, mais je ne profitais guère. J'aimais trop à jouer à la paume[2], c'est ce qui m'a perdu. Quand nous jouons à la paume, nous autres Navarrais, nous
10 oublions tout. Un jour que j'avais gagné, un gars de l'Alava me chercha querelle ; nous prîmes nos *maquilas*[3], et j'eus encore l'avantage ; mais cela m'obligea de quitter le pays. Je rencontrai des dragons[4], et je m'engageai dans le régiment d'Almanza, cavalerie. Les gens de nos montagnes apprennent
15 vite le métier militaire. Je devins bientôt brigadier[5], et on me promettait de me faire maréchal des logis[6], quand, pour mon malheur, on me mit de garde à la manufacture de tabacs de Séville. Si vous êtes allé à Séville, vous aurez vu ce grand bâtiment-là, hors des remparts, près du Guadalquivir. Il me
20 semble en voir encore la porte, et le corps de garde auprès. Quand ils sont de service, les Espagnols jouent aux cartes, ou dorment ; moi, comme un franc Navarrais, je tâchais toujours de m'occuper. Je faisais une chaîne avec du fil de laiton,

1. ***Don*** **:** particule nobiliaire (équivalent du « de » en français).
2. **Paume :** jeu de balle, ancêtre du tennis.
3. Note de Mérimée (voir p. 135).
4. **Dragons :** soldat faisant partie de la cavalerie.
5. **Brigadier :** officier (ici de cavalerie).
6. **Maréchal des logis :** sous-officier qui s'occupe du logement des troupes.

pour tenir mon épinglette[1]. Tout d'un coup les camarades disent : « Voilà la cloche qui sonne ; les filles vont rentrer à l'ouvrage. »

Vous saurez, monsieur, qu'il y a bien quatre à cinq cents femmes occupées dans la manufacture. Ce sont elles qui roulent les cigares dans une grande salle, où les hommes n'entrent pas sans une permission du Vingt-Quatre[2], parce qu'elles se mettent à leur aise[3], les jeunes surtout, quand il fait chaud. À l'heure où les ouvrières rentrent, après leur dîner[4], bien des jeunes gens vont les voir passer, et leur en content de toutes les couleurs. Il y a peu de ces demoiselles qui refusent une mantille de taffetas, et les amateurs, à cette pêche-là, n'ont qu'à se baisser pour prendre le poisson. Pendant que les autres regardaient, moi, je restais sur mon banc, près de la porte. J'étais jeune alors ; je pensais toujours au pays, et je ne croyais pas qu'il y eût de jolies filles sans jupes bleues et sans nattes tombant sur les épaules[5]. D'ailleurs, les Andalouses me faisaient peur ; je n'étais pas encore fait à leurs manières : toujours à railler, jamais un mot de raison. J'étais donc le nez sur ma chaîne, quand j'entends des bourgeois qui disaient : « Voilà la gitanilla[6]... » Je levai les yeux, et je la vis. C'était un vendredi[7] et je ne l'oublierai jamais. Je vis cette Carmen que vous connaissez, chez qui je vous ai rencontré il y a quelques mois.

Elle avait un jupon rouge fort court qui laissait voir des bas de soie blancs avec plus d'un trou, et des souliers mignons de maroquin[8] rouge attachés avec des rubans couleur de feu.

1. **Épinglette :** grande aiguille servant à déboucher les fusils.
2. Note de Mérimée (voir p. 135).
3. **Se mettent à leur aise :** pour avoir moins chaud, soulèvent leur jupe, ce qui est indécent.
4. **Dîner :** repas pris dans la journée, déjeuner (sens ancien).
5. Note de Mérimée (voir p. 135).
6. **Gitanilla :** diminutif de « gitane ».
7. **Vendredi :** jour fatal, car c'est celui de Vénus (voir *La Vénus d'Ille*).
8. **Maroquin :** variété de cuir (peau de chèvre, mouton) teint et souvent grené.

Dessin de Mérimée, évoquant Carmen
et réalisé sur le papier à en-tête de l'Administration.
Bibliothèque nationale, Cabinet des estampes, Paris.

Elle écartait sa mantille afin de montrer ses épaules et un gros bouquet de cassie[1] qui sortait de sa chemise. Elle avait encore une fleur de cassie dans le coin de la bouche, et elle s'avançait en se balançant sur ses hanches comme une pouliche du haras de Cordoue. Dans mon pays, une femme en ce costume aurait obligé le monde à se signer[2]. À Séville, chacun lui adressait quelque compliment gaillard[3] sur sa tournure ; elle répondait à chacun, faisant les yeux en coulisse[4], le poing sur la hanche, effrontée comme une vraie bohémienne qu'elle était. D'abord elle ne me plut pas, et je repris mon ouvrage ; mais elle, suivant l'usage des femmes et des chats qui ne viennent pas quand on les appelle et qui viennent quand on ne les appelle pas, s'arrêta devant moi et m'adressa la parole :

« Compère[5], me dit-elle à la façon andalouse, veux-tu me donner ta chaîne pour tenir les clefs de mon coffre-fort ?

– C'est pour attacher mon épinglette, lui répondis-je.

– Ton épinglette ! s'écria-t-elle en riant. Ah ! monsieur fait de la dentelle, puisqu'il a besoin d'épingles. »

Tout le monde qui était là se mit à rire, et moi je me sentais rougir, et je ne pouvais trouver rien à lui répondre.

« Allons, mon cœur, reprit-elle, fais-moi sept aunes[6] de dentelle noire pour une mantille, épinglier[7] de mon âme ! »

Et prenant la fleur de cassie qu'elle avait à la bouche, elle me la lança, d'un mouvement du pouce, juste entre les deux yeux. Monsieur, cela me fit l'effet d'une balle qui m'arrivait... Je ne savais où me fourrer, je demeurais immobile comme une planche. Quand elle fut entrée dans la manufacture, je vis la fleur de cassie qui était tombée à terre entre mes pieds ; je ne sais ce qui me prit, mais je la ramassai sans que mes

1. **Cassie :** fleur jaune et parfumée.
2. **Se signer :** faire le signe de la croix sur sa propre personne.
3. **Gaillard :** d'une gaieté un peu grivoise et licencieuse.
4. **Les yeux en coulisse :** qui regardent de biais, de manière oblique.
5. **Compère :** camarade, compagnon.
6. **Aune :** ancienne unité de mesure (1,20 m environ).
7. **Épinglier :** mercier.

80 camarades s'en aperçussent et je la mis précieusement dans ma veste. Première sottise !

Deux ou trois heures après, j'y pensais encore, quand arrive dans le corps de garde un portier tout haletant, la figure renversée. Il nous dit que dans la grande salle des 85 cigares il y avait une femme assassinée, et qu'il fallait y envoyer la garde. Le maréchal me dit de prendre deux hommes et d'y aller voir. Je prends mes deux hommes et je monte. Figurez-vous, monsieur, qu'entré dans la salle, je trouve d'abord trois cents femmes en chemise, ou peu s'en 90 faut, toutes criant, hurlant, gesticulant, faisant un vacarme à ne pas entendre Dieu tonner. D'un côté, il y en avait une les quatre fers en l'air, couverte de sang, avec un X sur la figure qu'on venait de lui marquer en deux coups de couteau. En face de la blessée, que secouraient les meilleures de la bande, 95 je vois Carmen, tenue par cinq ou six commères[1]. La femme blessée criait : « Confession ! Confession ! je suis morte. »

Carmen ne disait rien ; elle serrait les dents et roulait des yeux comme un caméléon : « Qu'est-ce que c'est ? » demandai-je. J'eus grand-peine à savoir ce qui s'était passé, car 100 toutes les ouvrières me parlaient à la fois. Il paraît que la femme blessée s'était vantée d'avoir assez d'argent en poche pour acheter un âne au marché de Triana. « Tiens, dit Carmen, qui avait une langue, tu n'as donc pas assez d'un balai[2] ? » L'autre, blessée du reproche, peut-être parce 105 qu'elle se sentait véreuse[3] sur l'article, lui répond qu'elle ne se connaissait pas en balais, n'ayant pas l'honneur d'être bohémienne ni filleule de Satan, mais que Mlle Carmen ferait bientôt connaissance avec son âne, quand M. le Corrégidor la mènerait à la promenade avec deux laquais par-derrière

1. **Commères :** femmes trop bavardes.
2. **Balai :** on représente souvent les sorcières assises à califourchon sur un balai.
3. **Véreuse :** malhonnête, douteuse.

REPÈRES

• Quel est le lien entre la fin du chapitre précédent et le début du chapitre III, malgré le fossé temporel ?
• Quelle est la nature du récit de don José, qui constitue tout le chapitre III ?

OBSERVATION

• Le premier narrateur est-il encore présent dans ce second récit ?
• Analysez le temps des verbes de l'ouverture du chapitre. Notez l'éloignement temporel et géographique.
• Comment appelle-t-on un récit au passé qui correspond à un retour en arrière ? Donnez un exemple du procédé inverse.
• Quels sont les indices dans la première partie de la nouvelle qui permettent de deviner que le personnage est basque et qu'il est noble ?
• Dégagez les caractéristiques de cet autoportrait, ses qualités et ses défauts.
• Relevez les tournures qui soulignent la passivité du personnage ainsi que son sentiment d'une fatalité qui le dépasse et l'écrase.
• Quels sont les détails provocants (couleurs, costume, accessoires) que retient don José dans son portrait de Carmen ?

INTERPRÉTATIONS

• Définissez le procédé de dédoublement des narrations. On passe du « il » au « je », d'un point de vue extérieur à un point de vue intérieur. Quel est l'effet recherché à travers l'utilisation du pronom à la première personne ? Peut-on alors parler d'omniscience du personnage ?
• Pourquoi le récit de don José résonne-t-il comme une confession, comme une voix qui viendrait déjà d'outre-tombe ?
• Comment comprendre le contraste entre le présent et les verbes au passé, entre la voix du bilan et le personnage ancien ?
• Quelles sont les valeurs les plus importantes pour don José ? L'autoportrait est-il flatteur, complaisant ou sévère ?
• Montrez que Carmen apparaît moins comme un objet que comme un prédateur méprisant si bien que la scène de séduction ressemble à une voluptueuse parade nuptiale.

110 pour l'émoucher[1]. « Eh bien ! moi, dit Carmen, je te ferai des abreuvoirs à mouches sur la joue et je veux y peindre un damier[2]. » Là-dessus v'li v'lan, elle commence avec le couteau dont elle coupait le bout des cigares à lui dessiner des croix de Saint-André sur la figure.

115 Le cas était clair ; je pris Carmen par le bras : « Ma sœur[3], lui dis-je poliment, il faut me suivre. »

Elle me lança un regard comme si elle me reconnaissait ; mais elle dit d'un air résigné : « Marchons. Où est ma mantille ? »

120 Elle la mit sur sa tête de façon à ne montrer qu'un seul de ses grands yeux, et suivit mes deux hommes, douce comme un mouton. Arrivés au corps de garde, le maréchal des logis dit que c'était grave, et qu'il fallait la mener en prison. C'était encore moi qui devais la conduire. Je la mis entre deux dra-
125 gons, et je marchais derrière comme un brigadier doit faire en semblable rencontre. Nous nous mîmes en route pour la ville. D'abord la bohémienne avait gardé le silence ; mais dans la rue du Serpent – vous la connaissez, elle mérite bien son nom par les détours qu'elle fait –, dans la rue du Serpent,
130 elle commence par laisser tomber sa mantille sur ses épaules, afin de me montrer son minois[4] enjôleur, et, se tournant vers moi autant qu'elle pouvait, elle me dit :

« Mon officier, où me menez-vous ?

– À la prison, ma pauvre enfant, lui répondis-je le plus
135 doucement que je pus, comme un bon soldat doit parler à un prisonnier, surtout à une femme.

– Hélas ! que deviendrai-je ? Seigneur officier, ayez pitié de moi. Vous êtes si jeune, si gentil !... » Puis, d'un ton plus bas : « Laissez-moi m'échapper, dit-elle, je vous donnerai un

1. **Émoucher** : faire fuir les mouches avec un fouet.
2. Note de Mérimée (voir p. 135).
3. **Ma sœur** : manière courtoise de s'adresser à une femme.
4. **Minois** : visage jeune et gracieux.

Don José (José Carreras), Carmen (Stefania Toczyska) dans Carmen, *opéra-comique de G. Bizet (1838-1875), dirigé par J.-Cl. Casadessus. Théâtre antique d'Orange, 1984.*

140 morceau de la *bar lachi,* qui vous fera aimer de toutes les femmes. »

La *bar lachi,* monsieur, c'est la pierre d'aimant, avec laquelle les bohémiens prétendent qu'on fait quantité de sortilèges quand on sait s'en servir. Faites-en boire à une femme 145 une pincée râpée dans un verre de vin blanc, elle ne résiste plus. Moi, je lui répondis le plus sérieusement que je pus :

« Nous ne sommes pas ici pour dire des balivernes[1] ; il

1. **Balivernes :** bêtises, sornettes.

faut aller à la prison, c'est la consigne[1], et il n'y a pas de remède. »

150 Nous autres gens du pays basque, nous avons un accent qui nous fait reconnaître facilement des Espagnols ; en revanche il n'y en a pas un qui puisse seulement apprendre à dire *baï jaona*[2]. Carmen donc n'eut pas de peine à deviner que je venais des provinces. Vous saurez, monsieur, que les 155 bohémiens, comme n'étant d'aucun pays, voyagent toujours, parlent toutes langues, et la plupart sont chez eux en Portugal, en France, dans les provinces, en Catalogne, partout ; même avec les Maures et les Anglais, ils se font entendre. Carmen savait assez bien le basque.

160 « *Laguna ene bihotsarena,* camarade de mon cœur, me dit-elle tout à coup, êtes-vous du pays ? »

Notre langue, monsieur, est si belle, que, lorsque nous l'entendons en pays étranger, cela nous fait tressaillir...

« Je voudrais avoir un confesseur des provinces », ajouta 165 plus bas le bandit.

Il reprit après un silence :

« Je suis d'Elizondo, lui répondis-je en basque, fort ému de l'entendre parler ma langue.

– Moi, je suis d'Etchalar, dit-elle. (C'est un pays à quatre 170 heures de chez nous.) J'ai été emmenée par des bohémiens à Séville. Je travaillais à la manufacture pour gagner de quoi retourner en Navarre, près de ma pauvre mère qui n'a que moi pour soutien, et un petit *barratcea*[3] avec vingt pommiers à cidre ! Ah ! si j'étais au pays, devant la montagne 175 blanche[4] ! On m'a insultée parce que je ne suis pas de ce pays de filous, marchands d'oranges pourries ; et ces gueuses[5] se sont mises toutes contre moi, parce que je leur

1. **Consigne :** instructions, règlement (militaires) qu'il faut suivre.
2. Note de Mérimée (voir p. 135).
3. Note de Mérimée (voir p. 135).
4. **La montagne blanche :** il s'agit des Pyrénées dont les cimes sont couvertes de neige.
5. **Gueuses :** femmes misérables et méprisables.

ai dit que tous leurs jaques[1] de Séville, avec leurs couteaux, ne feraient pas peur à un gars de chez nous avec son béret
180 bleu et son *maquila*. Camarade, mon ami, ne ferez-vous rien pour une payse[2] ? »

Elle mentait, monsieur, elle a toujours menti. Je ne sais pas si dans sa vie cette fille-là a jamais dit un mot de vérité ; mais quand elle parlait, je la croyais : c'était plus fort que moi.
185 Elle estropiait[3] le basque, et je la crus Navarraise ; ses yeux seuls et sa bouche et son teint la disaient bohémienne. J'étais fou, je ne faisais plus attention à rien. Je pensais que, si les Espagnols s'étaient avisés de mal parler du pays, je leur aurais coupé la figure, tout comme elle venait de faire à sa cama-
190 rade. Bref, j'étais comme un homme ivre ; je commençais à dire des bêtises, j'étais tout près d'en faire.

« Si je vous poussais, et si vous tombiez, mon pays, reprit-elle en basque, ce ne seraient pas ces deux conscrits[4] de Castillans qui me retiendraient... »

195 Ma foi, j'oubliai la consigne et tout, et je lui dis :

« Eh bien, m'amie, ma payse, essayez, et que Notre-Dame de la Montagne vous soit en aide ! »

En ce moment, nous passions devant une de ces ruelles étroites comme il y en a tant à Séville. Tout à coup Carmen
200 se retourne et me lance un coup de poing dans la poitrine. Je me laissai tomber exprès à la renverse. D'un bond, elle saute par-dessus moi et se met à courir en nous montrant une paire de jambes !... On dit jambes de Basque : les siennes en valaient bien d'autres... aussi vites que bien tournées[5]. Moi,
205 je me relève aussitôt ; mais je mets ma lance[6] en travers, de façon à barrer la rue, si bien que, de prime abord, les camarades furent arrêtés au moment de la poursuivre. Puis je me

---

1. Note de Mérimée (voir p. 135).
2. **Payse :** compatriote, personne venant d'une même région.
3. **Estropiait :** parler de manière incorrecte, avec une mauvaise prononciation.
4. **Conscrits :** jeunes soldats.
5. **Bien tournées :** bien faites.
6. Note de Mérimée (voir p. 135).

mis moi-même à courir, et eux après moi ; mais l'atteindre ! Il n'y avait pas de risque, avec nos éperons, nos sabres et nos 210 lances ! En moins de temps que je n'en mets à vous le dire, la prisonnière avait disparu. D'ailleurs, toutes les commères du quartier favorisaient sa fuite, et se moquaient de nous, et nous indiquaient la fausse voie. Après plusieurs marches et contremarches[1], il fallut nous en revenir au corps de garde 215 sans un reçu du gouverneur de la prison.

Mes hommes, pour n'être pas punis, dirent que Carmen m'avait parlé basque ; et il ne paraissait pas trop naturel, pour dire la vérité, qu'un coup de poing d'une tant petite fille eût terrassé si facilement un gaillard de ma force. Tout cela 220 parut louche ou plutôt clair. En descendant la garde, je fus dégradé et envoyé pour un mois à la prison. C'était ma première punition depuis que j'étais au service. Adieu les galons de maréchal des logis que je croyais déjà tenir !

Mes premiers jours de prison se passèrent fort tristement. 225 En me faisant soldat, je m'étais figuré que je deviendrais tout au moins officier. Longa, Mina, mes compatriotes, sont bien capitaines généraux ; Chapalangarra, qui est un négro[2] comme Mina, et réfugié comme lui dans votre pays, Chapalangarra était colonel, et j'ai joué à la paume vingt fois 230 avec son frère, qui était un pauvre diable comme moi. Maintenant je me disais : tout le temps que tu as servi sans punition, c'est du temps perdu. Te voilà mal noté : pour te remettre bien dans l'esprit des chefs, il te faudra travailler dix fois plus que lorsque tu es venu comme conscrit ! Et pourquoi 235 me suis-je fait punir ? Pour une coquine de bohémienne qui s'est moquée de moi, et qui, dans ce moment, est à voler dans quelque coin de la ville. Pourtant je ne pouvais m'empêcher de penser à elle. Le croiriez-vous, monsieur ? ses bas de soie troués qu'elle me faisait voir tout en plein en s'enfuyant, je 240 les avais toujours devant les yeux. Je regardais par les bar-

1. **Marches et contremarches :** progressions dans un sens puis dans un autre.
2. **Négro :** noir, c'est-à-dire libéral, en opposition à « blanco » (royaliste).

reaux de la prison dans la rue, et, parmi toutes les femmes qui passaient, je n'en voyais pas une seule qui valût cette diable de fille-là. Et puis, malgré moi, je sentais la fleur de cassie qu'elle m'avait jetée, et qui, sèche, gardait toujours sa
245 bonne odeur... S'il y a des sorcières, cette fille-là en était une !

Un jour, le geôlier entre, et me donne un pain d'Alcalá[1].

« Tenez, me dit-il, voilà ce que votre cousine vous envoie. »

Je pris le pain, fort étonné, car je n'avais pas de cousine à Séville. C'est peut-être une erreur, pensai-je en regardant le
250 pain ; mais il était si appétissant, il sentait si bon, que, sans m'inquiéter de savoir d'où il venait et à qui il était destiné, je résolus de le manger. En voulant le couper, mon couteau rencontra quelque chose de dur. Je regarde, et je trouve une petite lime anglaise qu'on avait glissée dans la pâte avant que
255 le pain fût cuit. Il y avait encore dans le pain une pièce d'or de deux piastres. Plus de doute alors, c'était un cadeau de Carmen. Pour les gens de sa race, la liberté est tout, et ils mettraient le feu à une ville pour s'épargner un jour de prison. D'ailleurs, la commère était fine, et avec ce pain-là on
260 se moquait des geôliers. En une heure, le plus gros barreau était scié avec la petite lime ; et avec la pièce de deux piastres, chez le premier fripier[2], je changeais ma capote d'uniforme pour un habit bourgeois. Vous pensez bien qu'un homme qui avait déniché maintes fois des aiglons dans nos rochers ne
265 s'embarrassait guère de descendre dans la rue, d'une fenêtre haute de moins de trente pieds[3], mais je ne voulais pas m'échapper. J'avais encore mon honneur de soldat, et déserter me semblait un grand crime. Seulement, je fus touché de cette marque de souvenir. Quand on est en prison, on
270 aime à penser qu'on a dehors un ami qui s'intéresse à vous. La pièce d'or m'offusquait[4] un peu, j'aurais bien voulu la

1. Note de Mérimée (voir p. 135).
2. **Fripier :** marchand de vieux vêtements.
3. **Pieds :** ancienne unité de mesure (0,32 mètre).
4. **M'offusquait :** me vexait, me choquait.

rendre ; mais où trouver mon créancier[1] ? Cela ne me semblait pas facile.

Après la cérémonie de la dégradation, je croyais n'avoir
275 plus rien à souffrir ; mais il me restait encore une humiliation à dévorer : ce fut à ma sortie de prison, lorsqu'on me commanda de service et qu'on me mit en faction comme un simple soldat. Vous ne pouvez vous figurer ce qu'un homme de cœur éprouve en pareille occasion. Je crois que j'aurais
280 aimé autant à être fusillé. Au moins on marche seul, en avant de son peloton[2], on se sent quelque chose ; le monde vous regarde.

Je fus mis en faction[3] à la porte du colonel. C'était un jeune homme riche, bon enfant, qui aimait à s'amuser. Tous
285 les jeunes officiers étaient chez lui, et force bourgeois[4], des femmes aussi, des actrices, à ce qu'on disait. Pour moi, il me semblait que toute la ville s'était donné rendez-vous à sa porte pour me regarder. Voilà qu'arrive la voiture du colonel, avec son valet de chambre sur le siège. Qu'est-ce que je vois
290 descendre ?... la gitanilla. Elle était parée, cette fois, comme une châsse[5], pomponnée, attifée, tout or et tout rubans. Une robe à paillettes, des souliers bleus à paillettes aussi, des fleurs et des galons partout. Elle avait un tambour de basque à la main. Avec elle il y avait deux autres bohémiennes, une jeune
295 et une vieille. Il y a toujours une vieille pour les mener ; puis un vieux avec une guitare, bohémien aussi, pour jouer et les faire danser. Vous savez qu'on s'amuse souvent à faire venir des bohémiennes dans les sociétés, afin de leur faire danser la *romalis,* c'est leur danse...

300 Carmen me reconnut, et nous échangeâmes un regard. Je

1. **Mon créancier :** celui à qui je devais de l'argent.
2. **Peloton (d'exécution) :** groupe de soldats chargé de fusiller un condamné.
3. **Faction :** charge de surveillance, fait de monter la garde.
4. **Force bourgeois :** de nombreux bourgeois (expression ancienne).
5. **Châsse :** coffret qui contient les reliques d'un saint.

REPÈRES

- Comment s'opère la transition d'un paragraphe à l'autre ?
- Commentez le contraste entre le début précipité du passage et le ralentissement final.

OBSERVATION

- Relevez les temps des verbes dans l'épisode de la cigarière blessée.
- Quels sont les éléments qui font de cette scène un moment particulièrement violent et qui frappent aussi bien la vue que l'ouïe ? À quoi ressemblent les femmes de la manufacture après la rixe ?
- Quelle est la nature de « v'li v'lan » ? Citez des expressions imagées.
- À quel registre appartiennent les propos suivants : « Ma sœur [...] il faut me suivre », « Mon officier, où me menez-vous ? » (pronom personnel, forme de l'interrogation) ?
- Relevez des allusions aux origines basques.
- Quels sont les arguments avancés par Carmen pour se justifier et attendrir don José ?
- Don José reprend des expressions utilisées par Carmen : lesquelles ?
- Relevez les éléments comiques dans la fuite de Carmen.
- En prison, don José éprouve des sentiments contradictoires : caractérisez-les. Quelle forme prennent ses réflexions ? En quoi est-il différent des bohémiens ?

INTERPRÉTATIONS

- Pourquoi don José mêle-t-il présent et passé dans son récit ?
- Comment comprendre les exagérations ? Le propos est-il misogyne ?
- Analysez le contraste entre les registres (avant et après la rixe).
- Quelle est la valeur des digressions (sur le basque par exemple) ?
- Montrez que la conversation devient familière. S'agit-il d'une confession ou d'un récit de vie ?
- En analysant voix, pouvoir de la langue et force du discours, justifiez l'un des sens de *carmen* en latin.
- Quelle est la portée du monologue intérieur ? Comment évoluent les sentiments du prisonnier ?

ne sais, mais, en ce moment, j'aurais voulu être à cent pieds sous terre.

« *Agur laguna*[1], dit-elle. Mon officier, tu montes la garde comme un conscrit. »

305 Et, avant que j'eusse trouvé un mot à répondre, elle était dans la maison.

Toute la société était dans le patio[2], et, malgré la foule, je voyais à peu près tout ce qui se passait à travers la grille. J'entendais les castagnettes[3], le tambour, les rires et les bra-
310 vos ; parfois j'apercevais sa tête quand elle sautait avec son tambour. Puis j'entendais encore des officiers qui lui disaient bien des choses qui me faisaient monter le rouge à la figure. Ce qu'elle répondait, je n'en savais rien. C'est de ce jour-là, je pense, que je me mis à l'aimer pour tout de bon ; car l'idée
315 me vint trois ou quatre fois d'entrer dans le patio, et de donner de mon sabre dans le ventre à tous ces freluquets[4] qui lui contaient fleurette[5]. Mon supplice dura une bonne heure ; puis les bohémiens sortirent, et la voiture les ramena. Carmen, en passant, me regarda encore avec les yeux que vous
320 savez, et me dit très bas :

« Pays, quand on aime la bonne friture, on en va manger à Triana, chez Lillas Pastia. »

Légère comme un cabri[6], elle s'élança dans la voiture, le cocher fouetta ses mules, et toute la bande joyeuse s'en alla
325 je ne sais où.

Vous devinez bien qu'en descendant ma garde j'allai à Triana, mais d'abord je me fis raser et je me brossai comme pour un jour de parade. Elle était chez Lillas Pastia, un vieux

---

1. Note de Mérimée (voir p. 135).
2. Note de Mérimée (voir p. 135).
3. **Castagnettes :** instrument en bois ou en ivoire dont on fait claquer les deux parties.
4. **Freluquets :** jeunes gens vaniteux et ridicules.
5. **Contaient fleurette :** tenir de beaux discours séduisants pour faire la cour à une femme.
6. **Cabri :** chevreau.

marchand de friture, bohémien, noir comme un Maure, chez
330 qui beaucoup de bourgeois venaient manger du poisson frit, surtout, je crois, depuis que Carmen y avait pris ses quartiers.

« Lillas, dit-elle sitôt qu'elle me vit, je ne fais plus rien de la journée. Demain il fera jour[1]. Allons, pays, allons nous promener ! »

335 Elle mit sa mantille devant son nez, et nous voilà dans la rue, sans savoir où j'allais.

« Mademoiselle, lui dis-je, je crois que j'ai à vous remercier d'un présent que vous m'avez envoyé quand j'étais en prison. J'ai mangé le pain ; la lime me servira à affiler[2] ma lance, et
340 je la garde comme souvenir de vous ; mais l'argent, le voilà.

– Tiens ! il a gardé l'argent, s'écria-t-elle en éclatant de rire. Au reste tant mieux, car je ne suis guère en fonds ; mais qu'importe ? chien qui chemine ne meurt pas de famine[3]. Allons, mangeons tout. Tu me régales[4]. »

345 Nous avions repris le chemin de Séville. À l'entrée de la rue du Serpent, elle acheta une douzaine d'oranges, qu'elle me fit mettre dans mon mouchoir. Un peu plus loin, elle acheta encore un pain, du saucisson, une bouteille de manzanilla[5] ; puis enfin elle entra chez un confiseur. Là, elle jeta
350 sur le comptoir la pièce d'or que je lui avais rendue, une autre encore qu'elle avait dans sa poche, avec quelque argent blanc ; enfin elle me demanda tout ce que j'avais. Je n'avais qu'une piécette et quelques cuartos, que je lui donnai, fort honteux de n'avoir pas davantage. Je crus qu'elle voulait
355 emporter toute la boutique. Elle prit tout ce qu'il y avait de plus beau et de plus cher, *yemas*[6], *turon*[7], fruits confits, tant que l'argent dura. Tout cela, il fallut encore que je le portasse

1. Note de Mérimée (voir p. 136).
2. **Affiler :** aiguiser.
3. Note de Mérimée (voir p. 136).
4. **Régaler :** offrir le repas, payer boisson et nourriture.
5. **Manzanilla :** vin blanc.
6. Note de Mérimée (voir p. 136).
7. Note de Mérimée (voir p. 136).

dans des sacs de papier. Vous connaissez peut-être la rue du Candilejo, où il y a une tête du roi don Pedro le Justicier[1].
360 Elle aurait dû m'inspirer des réflexions. Nous nous arrêtâmes, dans cette rue-là, devant une vieille maison. Elle entra dans l'allée, et frappa au rez-de-chaussée. Une bohémienne, vraie servante de Satan, vint nous ouvrir. Carmen lui dit quelques mots en rommani. La vieille grogna d'abord. Pour l'apaiser,
365 Carmen lui donna deux oranges et une poignée de bonbons et lui permit de goûter au vin. Puis elle lui mit sa mante[2] sur le dos et la conduisit à la porte, qu'elle ferma avec la barre de bois. Dès que nous fûmes seuls, elle se mit à danser et à rire comme une folle, en chantant :
370 « Tu es mon *rom,* je suis ta *romi*[3]. »

Moi j'étais au milieu de la chambre, chargé de toutes ses emplettes, ne sachant où les poser. Elle jeta tout par terre, et me sauta au cou en me disant :

« Je paye mes dettes, je paye mes dettes ! c'est la loi des
375 Calés[4] ! »

Ah ! monsieur, cette journée-là ! cette journée-là !... quand j'y pense, j'oublie celle de demain.

Le bandit se tut un instant ; puis après avoir rallumé son cigare, il reprit :

380 Nous passâmes ensemble toute la journée, mangeant, buvant, et le reste. Quand elle eut mangé des bonbons comme un enfant de six ans, elle en fourra des poignées dans la jarre d'eau de la vieille. « C'est pour lui faire du sorbet », disait-elle. Elle écrasait des yemas en les lançant contre la muraille.
385 « C'est pour que les mouches nous laissent tranquilles », disait-elle... Il n'y a pas de tour ni de bêtise qu'elle ne fît. Je lui dis que je voudrais la voir danser ; mais où trouver des castagnettes ? Aussitôt elle prend la seule assiette de la vieille,

1. Note de Mérimée (voir p. 136).
2. **Mante** : large manteau sans manches ou grand châle de femme.
3. Note de Mérimée (voir p. 137).
4. Note de Mérimée (voir p. 137).

la casse en morceaux, et la voilà qui danse la romalis en
390 faisant claquer les morceaux de faïence aussi bien que si elle avait eu des castagnettes d'ébène ou d'ivoire. On ne s'ennuyait pas auprès de cette fille-là, je vous en réponds. Le soir vint, et j'entendis les tambours qui battaient la retraite.

« Il faut que j'aille au quartier pour l'appel, lui dis-je.

395 – Au quartier ? dit-elle d'un air de mépris ; tu es donc un nègre, pour te laisser mener à la baguette ? Tu es un vrai canari d'habit et de caractère[1]. Va, tu as un cœur de poulet. »

Je restai, résigné d'avance à la salle de police. Le matin, ce
400 fut elle qui parla la première de nous séparer.

« Écoute, Joseito, dit-elle ; t'ai-je payé ? D'après notre loi, je ne te devais rien, puisque tu es un *payllo* ; mais tu es un joli garçon, et tu m'as plu. Nous sommes quittes. Bonjour[2]. »

Je lui demandai quand je la reverrais.

405 « Quand tu seras moins niais », répondit-elle en riant.

Puis, d'un ton plus sérieux :

« Sais-tu, mon fils, que je crois que je t'aime un peu ? Mais cela ne peut durer. Chien et loup ne font pas longtemps bon ménage. Peut-être que, si tu prenais la loi d'Égypte[3], j'ai-
410 merais à devenir ta romi. Mais, ce sont des bêtises : cela ne se peut pas. Bah ! mon garçon, crois-moi, tu en es quitte à bon compte. Tu as rencontré le diable, oui, le diable ; il n'est pas toujours noir, et il ne t'a pas tordu le cou. Je suis habillée de laine, mais je ne suis pas mouton[4]. Va mettre un cierge
415 devant ta *majari*[5], elle l'a bien gagné. Allons, adieu encore une fois. Ne pense plus à Carmencita, ou elle te ferait épouser une veuve à jambe de bois[6] ».

---

1. Note de Mérimée (voir p. 137).
2. **Bonjour :** formule d'adieu.
3. **Loi d'Égypte :** on croyait que les gitans venaient d'Égypte (*cf. Notre-Dame de Paris* de Victor Hugo).
4. Note de Mérimée (voir p. 137).
5. Note de Mérimée (voir p. 137).
6. Note de Mérimée (voir p. 137).

En parlant ainsi, elle défaisait la barre qui fermait la porte, et une fois dans la rue elle s'enveloppa dans sa mantille et 420 me tourna les talons.

Elle disait vrai. J'aurais été sage de ne plus penser à elle ; mais, depuis cette journée dans la rue du Candilejo, je ne pouvais plus songer à autre chose. Je me promenais tout le jour, espérant la rencontrer. J'en demandais des nouvelles à 425 la vieille et au marchand de friture. L'un et l'autre répondaient qu'elle était partie pour Laloro[1], c'est ainsi qu'ils appellent le Portugal. Probablement c'était d'après les instructions de Carmen qu'ils parlaient de la sorte, mais je ne tardai pas à savoir qu'ils mentaient. Quelques semaines après 430 ma journée de la rue du Candilejo, je fus de faction à une des portes de la ville. À peu de distance de cette porte, il y avait une brèche qui s'était faite dans le mur d'enceinte ; on y travaillait pendant le jour, et la nuit on y mettait un factionnaire pour empêcher les fraudeurs. Pendant le jour, je vis 435 Lillas Pastia passer et repasser autour du corps de garde, et causer avec quelques-uns de mes camarades ; tous le connaissaient, et ses poissons et ses beignets encore mieux. Il s'approcha de moi et me demanda si j'avais des nouvelles de Carmen.

440 « Non, lui dis-je.

– Eh bien, vous en aurez, compère. »

Il ne se trompait pas. La nuit, je fus mis de faction à la brèche. Dès que le brigadier se fut retiré, je vis venir à moi une femme. Le cœur me disait que c'était Carmen. Cependant 445 je criai : « Au large[2] ! On ne passe pas !

– Ne faites donc pas le méchant, me dit-elle en se faisant connaître à moi.

– Quoi ! vous voilà, Carmen !

– Oui, mon pays. Parlons peu, parlons bien. Veux-tu

---

1. Note de Mérimée (voir p. 137).
2. **Au large** : partez, dégagez la place.

REPÈRES

• Le passage s'ouvre sur « la cérémonie de la dégradation » : situez cette étape dans la chute inexorable du personnage.
• Montrez que les événements sont liés aux apparitions et aux disparitions de Carmen.

OBSERVATION

• Illustrez le champ lexical du déshonneur dans le premier paragraphe.
• « Voilà qu'arrive la voiture du colonel, avec son valet de chambre sur le siège. Qu'est-ce que je vois descendre ?... la gitanilla » : analysez le temps des verbes et la forme de la question.
• Caractérisez l'apparition de Carmen chez le colonel : circonstances, costumes, accessoires, entourage.
• Comparez les scènes de rencontre : à Cordoue avec le narrateur, devant la manufacture de tabac avec don José, et chez le colonel. Quelles sont les différences et les points communs dans le costume et l'attitude de Carmen ?
• Quels sentiments don José éprouve-t-il pendant la fête ?
• Repérez le champ lexical de la fête (atmosphère, actions) et ses variantes : réjouissances collectives et tête-à-tête intime.
• Citez des propos énigmatiques de Carmen. Quelle forme prennent-ils ?

INTERPRÉTATIONS

• Montrez comment don José est de plus en plus passif et manipulé par Carmen et que le sentiment dominant est celui de la surprise (agréable).
• Analysez le paradoxe du bonheur dans ce début de déchéance.
• Prouvez que Carmen est un être insaisissable et trompeur, qui joue sur les apparences et la dimension théâtrale de sa vie.
• Étudiez l'évolution de la passion et les rapports complexes entre le désir et la jalousie du personnage frustré.
• La fête n'est-elle pas ambiguë ? Que pensez-vous de l'opposition entre tendresse et mépris ? Interprétez le non-dit (« et le reste ») et les propos mystérieux, voire prophétiques de Carmen.

gagner un douro[1] ? Il va venir des gens avec des paquets ; laisse-les faire.

– Non, répondis-je. Je dois les empêcher de passer ; c'est la consigne.

– La consigne ! la consigne ! Tu n'y pensais pas rue du Candilejo.

– Ah ! répondis-je tout bouleversé par ce seul souvenir, cela valait bien la peine d'oublier la consigne ; mais je ne veux pas de l'argent des contrebandiers.

– Voyons, si tu ne veux pas d'argent, veux-tu que nous allions encore dîner chez la vieille Dorothée ?

– Non ! dis-je à moitié étranglé par l'effort que je faisais. Je ne puis pas.

– Fort bien. Si tu es si difficile, je sais à qui m'adresser. J'offrirai à ton officier d'aller chez Dorothée. Il a l'air d'un bon enfant, et il fera mettre en sentinelle un gaillard qui ne verra que ce qu'il faudra voir. Adieu, canari. Je rirai bien le jour où la consigne sera de te pendre. »

J'eus la faiblesse de la rappeler, et je promis de laisser passer toute la bohème[2], s'il le fallait, pourvu que j'obtinsse la seule récompense que je désirais. Elle me jura aussitôt de me tenir parole dès le lendemain, et courut prévenir ses amis, qui étaient à deux pas. Il y en avait cinq, dont était Pastia, tous bien chargés de marchandises anglaises. Carmen faisait le guet. Elle devait avertir avec ses castagnettes dès qu'elle apercevrait la ronde, mais elle n'en eut pas besoin. Les fraudeurs firent leur affaire en un instant.

Le lendemain, j'allai rue du Candilejo. Carmen se fit attendre, et vint d'assez mauvaise humeur.

« Je n'aime pas les gens qui se font prier, dit-elle. Tu m'as rendu un plus grand service la première fois, sans savoir si tu y gagnerais quelque chose. Hier, tu as marchandé avec

1. **Un douro :** cinq pesetas.
2. **La bohème :** métonymie pour désigner les bohémiens.

moi. Je ne sais pas pourquoi je suis venue, car je ne t'aime plus. Tiens, va-t'en, voilà un douro pour ta peine. »

Peu s'en fallut que je ne lui jetasse la pièce à la tête, et je
485 fus obligé de faire un effort violent sur moi-même pour ne pas la battre. Après nous être disputés pendant une heure, je sortis furieux. J'errai quelque temps par la ville, marchant deçà et delà comme un fou, enfin j'entrai dans une église, et m'étant mis dans le coin le plus obscur, je pleurai à chaudes
490 larmes. Tout d'un coup j'entends une voix :

« Larmes de dragon ! J'en veux faire un philtre[1] ! »

Je lève les yeux : c'était Carmen en face de moi.

« Eh bien, mon pays, m'en voulez-vous encore ? me dit-elle. Il faut bien que je vous aime, malgré que j'en aie, car,
495 depuis que vous m'avez quittée, je ne sais ce que j'ai. Voyons, maintenant, c'est moi qui te demande si tu veux venir rue du Candilejo. »

Nous fîmes donc la paix ; mais Carmen avait l'humeur comme est le temps chez nous. Jamais l'orage n'est si près
500 dans nos montagnes que lorsque le soleil est le plus brillant. Elle m'avait promis de me revoir une autre fois chez Dorothée, et elle ne vint pas. Et Dorothée me dit de plus belle qu'elle était allée à Laloro pour les affaires d'Égypte.

Sachant déjà par expérience à quoi m'en tenir là-dessus, je
505 cherchais Carmen partout où je croyais qu'elle pouvait être, et je passais vingt fois par jour dans la rue du Candilejo. Un soir, j'étais chez Dorothée, que j'avais presque apprivoisée[2] en lui payant de temps à autre quelque verre d'anisette, lorsque Carmen entra suivie d'un jeune homme, lieutenant
510 dans notre régiment.

« Va-t'en vite », me dit-elle en basque.

Je restai stupéfait, la rage dans le cœur.

« Qu'est-ce que tu fais ici ? me dit le lieutenant. Décampe, hors d'ici ! »

1. **Philtre :** breuvage magique (en particulier pour se faire aimer de quelqu'un).
2. **Apprivoisée :** amadouée, rendue favorable.

515 Je ne pouvais faire un pas ; j'étais comme perclus[1]. L'officier, en colère, voyant que je ne me retirais pas, et que je n'avais même pas ôté mon bonnet de police, me prit au collet et me secoua rudement. Je ne sais ce que je lui dis. Il tira son épée, et je dégainai. La vieille me saisit le bras, et le lieutenant 520 me donna un coup au front, dont je porte encore la marque. Je reculai, et d'un coup de coude je jetai Dorothée à la renverse ; puis, comme le lieutenant me poursuivait, je lui mis la pointe au corps, et il s'enferra[2]. Carmen alors éteignit la lampe, et dit dans sa langue à Dorothée de s'enfuir. Moi-525 même je me sauvai dans la rue, et me mis à courir sans savoir où. Il me semblait que quelqu'un me suivait. Quand je revins à moi, je trouvai que Carmen ne m'avait pas quitté. « Grand niais de canari ! me dit-elle, tu ne sais faire que des bêtises. Aussi bien, je te l'ai dit que je te porterais mal-530 heur. Allons, il y a remède à tout, quand on a pour bonne amie une Flamande de Rome[3]. Commence à mettre ce mouchoir sur ta tête, et jette-moi ce ceinturon[4]. Attends-moi dans cette allée. Je reviens dans deux minutes. »

Elle disparut, et me rapporta bientôt une mante rayée 535 qu'elle était allée chercher je ne sais où. Elle me fit quitter mon uniforme, et mettre la mante par-dessus ma chemise. Ainsi accoutré[5], avec le mouchoir dont elle avait bandé la plaie que j'avais à la tête, je ressemblais assez à un paysan valencien, comme il y en a à Séville, qui viennent vendre leur 540 orgeat de *chufas*[6]. Puis elle me mena dans une maison assez semblable à celle de Dorothée, au fond d'une petite ruelle. Elle et une autre bohémienne me lavèrent, me pansèrent mieux que n'eût pu le faire un chirurgien-major, me firent

1. **Perclus :** impotent, paralysé.
2. **S'enferra :** se jeter ou tomber sur une épée.
3. Note de Mérimée (voir p. 137).
4. **Ceinturon :** large ceinture militaire avec ses armes.
5. **Accoutré :** habillé de manière ridicule.
6. Note de Mérimée (voir p. 138).

REPÈRES

• Rapprochez la transition de celle des lignes 77-82 : « Quand elle fut entrée dans la manufacture [...] Deux ou trois heures après, j'y pensais encore ».
• Montrez que la fin de l'épisode correspond à un nouveau changement.

OBSERVATION

• À quel temps les verbes sont-ils conjugués au début du passage ? Indiquez sa valeur.
• Dans le dialogue, quels sont les arguments de Carmen pour convaincre don José de laisser passer les paquets ? Trouvez des exemples de répétition.
• Distinguez les expressions tendres et les déclarations hostiles dans les propos de Carmen. Examinez le jeu des pronoms personnels.
• Relevez les termes qui appartiennent au champ lexical de l'argent.
• Distinguez les différentes phases dans la scène d'affrontement entre don José et le lieutenant : sentiments, paroles, gestes. Étudiez le rythme, la longueur des phrases, le temps des verbes.
• Quels sont les détails et les expressions qui accentuent l'atmosphère de sorcellerie de l'épisode ?

INTERPRÉTATIONS

• Comment se manifeste le début de folie amoureuse à travers les paroles et les actions de don José ?
• Analysez la tension dans le dialogue. Le lisez-vous comme un duo d'amour ou comme un duel verbal ? Justifiez votre réponse.
• De quelle manière éclatent les contradictions du personnage (actions, paroles) ?
• Quelle est la valeur symbolique de l'argent ? Est-il bénéfique ou néfaste dans les relations entre les personnages ?
• Comment Mérimée joue-t-il sur les rebondissements, les effets de surprise et d'accélération du récit ?
• Don José apparaît-il comme une victime manipulée ou comme une figure héroïque ? Commentez les différents jeux de cache-cache des personnages.

vent parler de quelques contrebandiers qui parcouraient
575 l'Andalousie, montés sur un bon cheval, l'espingole au poing,
leur maîtresse en croupe. Je me voyais déjà trottant par monts
et par vaux avec la gentille bohémienne derrière moi. Quand
je lui parlais de cela, elle riait à se tenir les côtes, et me disait
qu'il n'y a rien de si beau qu'une nuit passée au bivouac,
580 lorsque chaque rom se retire avec sa romi sous sa petite tente
formée de trois cerceaux avec une couverture par-dessus.

« Si je tiens[1] jamais la montagne, lui disais-je, je serai sûr
de toi ! Là, il n'y a pas de lieutenant pour partager avec moi.

– Ah ! tu es jaloux, répondait-elle. Tant pis pour toi.
585 Comment es-tu assez bête pour cela ? Ne vois-tu pas que je
t'aime, puisque je ne t'ai jamais demandé d'argent ? »

Lorsqu'elle parlait ainsi, j'avais envie de l'étrangler.

Pour le faire court[2], monsieur, Carmen me procura un
habit bourgeois, avec lequel je sortis de Séville sans être
590 reconnu. J'allai à Jerez avec une lettre de Pastia pour un marchand
d'anisette chez qui se réunissaient des contrebandiers.
On me présenta à ces gens-là, dont le chef, surnommé le
Dancaïre[3], me reçut dans sa troupe. Nous partîmes pour
Gaucin, où je retrouvai Carmen, qui m'y avait donné rendez-
595 vous. Dans les expéditions, elle servait d'espion à nos gens,
et de meilleur il n'y en eut jamais. Elle revenait de Gibraltar,
et déjà elle avait arrangé avec un patron de navire l'embarquement
de marchandises anglaises que nous devions recevoir
sur la côte. Nous allâmes les attendre près d'Estepona,
600 puis nous en cachâmes une partie dans la montagne ; chargés
du reste, nous nous rendîmes à Ronda. Carmen nous y avait
précédés. Ce fut elle encore qui nous indiqua le moment où
nous entrerions en ville. Ce premier voyage et quelques autres
après furent heureux. La vie de contrebandier me plaisait
605 mieux que la vie de soldat ; je faisais des cadeaux à Carmen.

1. **Tenir** : occuper une position stratégique (sens militaire).
2. **Pour le faire court** : en quelques mots.
3. **Le Dancaïre** : celui qui se divertit aux dépens d'autrui.

J'avais de l'argent et une maîtresse. Je n'avais guère de remords, car comme disent les bohémiens : Gale avec plaisir ne démange pas[1]. Partout nous étions bien reçus ; mes compagnons me traitaient bien, et même me témoignaient de
610 la considération. La raison, c'était que j'avais tué un homme, et parmi eux il y en avait qui n'avaient pas un pareil exploit sur la conscience. Mais ce qui me touchait davantage dans ma nouvelle vie, c'est que je voyais souvent Carmen. Elle me montrait plus d'amitié que jamais ; cependant, devant les
615 camarades, elle ne convenait pas qu'elle était ma maîtresse ; et même, elle m'avait fait jurer par toutes sortes de serments de ne rien leur dire sur son compte. J'étais si faible devant cette créature, que j'obéissais à tous ses caprices. D'ailleurs, c'était la première fois qu'elle se montrait à moi avec la
620 réserve d'une honnête femme, et j'étais assez simple pour croire qu'elle s'était véritablement corrigée de ses façons d'autrefois.

Notre troupe, qui se composait de huit ou dix hommes, ne se réunissait guère que dans les moments décisifs, et
625 d'ordinaire nous étions dispersés deux à deux, trois à trois, dans les villes et les villages. Chacun de nous prétendait avoir un métier : celui-ci était chaudronnier, celui-là maquignon[2] ; moi, j'étais marchand de merceries, mais je ne me montrais guère dans les gros endroits, à cause de ma mauvaise affaire
630 de Séville. Un jour, ou plutôt une nuit, notre rendez-vous était au bas de Véger. Le Dancaïre et moi, nous nous y trouvâmes avant les autres. Il paraissait fort gai.

« Nous allons avoir un camarade de plus, me dit-il. Carmen vient de faire un de ses meilleurs tours. Elle vient de
635 faire échapper son rom qui était au presidio[3] à Tarifa. »

Je commençais déjà à comprendre le bohémien, que par-

1. Note de Mérimée (voir p. 138).
2. **Maquignon :** marchand de chevaux ou de bestiaux (personnage considéré comme malhonnête et peu fiable).
3. **Presidio :** prison (forteresse).

laient presque tous mes camarades, et ce mot de rom me causa un saisissement.

« Comment ! son mari ! elle est donc mariée ? demandai-
640 je au capitaine.

– Oui, répondit-il, à Garcia le Borgne, un bohémien aussi futé qu'elle. Le pauvre garçon était aux galères. Carmen a si bien embobeliné[1] le chirurgien du presidio, qu'elle en a obtenu la liberté de son rom. Ah ! cette fille-là vaut son
645 pesant d'or. Il y a deux ans qu'elle cherche à le faire évader. Rien n'a réussi jusqu'au moment où l'on s'est avisé de changer le major. Avec celui-ci, il paraît qu'elle a trouvé bien vite le moyen de s'entendre. »

Vous vous imaginez le plaisir que me fit cette nouvelle. Je
650 vis bientôt Garcia le Borgne ; c'était bien le plus vilain monstre que la Bohème ait nourri : noir de peau et plus noir d'âme, c'était le plus franc[2] scélérat que j'aie rencontré dans ma vie. Carmen vint avec lui ; et, lorsqu'elle l'appelait son rom devant moi, il fallait voir les yeux qu'elle me faisait, et
655 ses grimaces quand Garcia tournait la tête. J'étais indigné, et je ne lui parlai pas de la nuit.

Le matin nous avions fait nos ballots[3], et nous étions déjà en route, quand nous nous aperçûmes qu'une douzaine de cavaliers étaient à nos trousses. Les fanfarons Andalous, qui
660 ne parlaient que de tout massacrer, firent aussitôt piteuse mine. Ce fut un sauve-qui-peut général. Le Dancaïre, Garcia, un joli garçon d'Ecija, qui s'appelait le Remendado[4], et Carmen ne perdirent pas la tête. Le reste avait abandonné les mulets, et s'était jeté dans les ravins où les chevaux ne pou-
665 vaient les suivre. Nous ne pouvions conserver nos bêtes, et nous nous hâtâmes de défaire le meilleur de notre butin, et de le charger sur nos épaules, puis nous essayâmes de nous

1. **Embobeliné :** subjugué et mené par le bout du nez.
2. **Franc :** véritable.
3. **Ballots :** paquets (remplis de marchandises).
4. **Le Remendado :** personnage raccommodé (aux nombreuses cicatrices).

sauver au travers des rochers par les pentes les plus raides. Nous jetions nos ballots devant nous, et nous les suivions de 670 notre mieux en glissant sur les talons. Pendant ce temps-là, l'ennemi nous canardait[1] ; c'était la première fois que j'entendais siffler les balles, et cela ne me fit pas grand-chose. Quand on est en vue d'une femme, il n'y a pas de mérite à se moquer de la mort. Nous nous échappâmes, excepté le 675 pauvre Remendado, qui reçut un coup de feu dans les reins. Je jetai mon paquet, et j'essayai de le prendre.

« Imbécile ! me cria Garcia, qu'avons-nous affaire d'une charogne[2] ? achève-le et ne perds pas les bas de coton.

– Jette-le ! » me criait Carmen.

680 La fatigue m'obligea de le déposer un moment à l'abri d'un rocher. Garcia s'avança, et lui lâcha son espingole dans la tête.

« Bien habile qui le reconnaîtrait maintenant », dit-il en regardant sa figure que douze balles avaient mise en 685 morceaux.

Voilà, monsieur, la belle vie que j'ai menée. Le soir, nous nous trouvâmes dans un hallier, épuisés de fatigue, n'ayant rien à manger et ruinés par la perte de nos mulets. Que fit cet infernal Garcia ? il tira un paquet de cartes de sa poche, 690 et se mit à jouer avec le Dancaïre à la lueur d'un feu qu'ils allumèrent. Pendant ce temps-là, moi, j'étais couché, regardant les étoiles, pensant au Remendado, et me disant que j'aimerais autant être à sa place. Carmen était accroupie près de moi, et de temps en temps, elle faisait un roulement de 695 castagnettes en chantonnant. Puis, s'approchant comme pour me parler à l'oreille, elle m'embrassa, presque malgré moi, deux ou trois fois.

« Tu es le diable, lui disais-je.

– Oui », me répondit-elle.

700 Après quelques heures de repos, elle s'en fut à Gaucin, et

1. **Nous canardait :** tirait sur nous.
2. **Charogne :** cadavre.

le lendemain matin un petit chevrier vint nous porter du pain. Nous demeurâmes là tout le jour, et la nuit nous nous rapprochâmes de Gaucin. Nous attendions des nouvelles de Carmen. Rien ne venait. Au jour, nous voyons un muletier qui
705 menait une femme bien habillée, avec un parasol, et une petite fille qui paraissait sa domestique. Garcia dit :

« Voilà deux mules et deux femmes que saint Nicolas nous envoie ; j'aimerais mieux quatre mules ; n'importe, j'en fais mon affaire ! »

710 Il prit son espingole et descendit vers le sentier en se cachant dans les broussailles. Nous le suivions, le Dancaïre et moi, à peu de distance. Quand nous fûmes à portée, nous nous montrâmes, et nous criâmes au muletier de s'arrêter. La femme, en nous voyant, au lieu de s'effrayer, et notre toilette
715 aurait suffi pour cela, fait un grand éclat de rire.

« Ah ! les *lillipendi* qui me prennent pour une *erañi*[1] ! »

C'était Carmen, mais si bien déguisée, que je ne l'aurais pas reconnue parlant une autre langue. Elle sauta en bas de sa mule, et causa quelque temps à voix basse avec le Dancaïre
720 et Garcia, puis elle me dit :

« Canari, nous nous reverrons avant que tu sois pendu. Je vais à Gibraltar pour les affaires d'Égypte. Vous entendrez bientôt parler de moi. »

Nous nous séparâmes après qu'elle nous eut indiqué un
725 lieu où nous pourrions trouver un abri pour quelques jours. Cette fille était la providence de notre troupe. Nous reçûmes bientôt quelque argent qu'elle nous envoya, et un avis qui valait mieux pour nous : c'était que tel jour partiraient deux milords anglais, allant de Gibraltar à Grenade par tel chemin.
730 À bon entendeur, salut. Ils avaient de belles et bonnes guinées[2]. Garcia voulait les tuer, mais le Dancaïre et moi nous nous y opposâmes. Nous ne leur prîmes que l'argent et les montres, outre les chemises, dont nous avions grand besoin.

---

1. Note de Mérimée (voir p. 138).
2. **Guinée** : monnaie anglaise.

Monsieur, on devient coquin sans y penser. Une jolie fille
735 vous fait perdre la tête, on se bat pour elle, un malheur arrive,
il faut vivre à la montagne, et de contrebandier on devient
voleur avant d'y avoir réfléchi. Nous jugeâmes qu'il ne faisait
pas bon pour nous dans les environs de Gibraltar après
l'affaire des milords, et nous nous enfonçâmes dans la sierra
740 de Ronda. – Vous m'avez parlé de José Maria ; tenez, c'est
là que j'ai fait connaissance avec lui. Il menait sa maîtresse
dans ses expéditions. C'était une jolie fille, sage, modeste, de
bonnes manières ; jamais un mot malhonnête, et un dévouement !... En revanche, il la rendait bien malheureuse, il la
745 malmenait, puis quelquefois il s'avisait de faire le jaloux. Une
fois, il lui donna un coup de couteau. Eh bien, elle ne l'en
aimait que davantage. Les femmes sont ainsi faites, les Andalouses surtout. Celle-là était fière de la cicatrice qu'elle avait
au bras, et la montrait comme la plus belle chose du monde.
750 Et puis José Maria, par-dessus le marché, était le plus mauvais camarade !... Dans une expédition que nous fîmes, il
s'arrangea si bien, que tout le profit lui en demeura ; à nous
les coups et l'embarras de l'affaire. Mais je reprends mon
histoire. Nous n'entendions plus parler de Carmen. Le Dan-
755 caïre dit :

« Il faut qu'un de nous aille à Gibraltar pour en avoir des
nouvelles ; elle doit avoir préparé quelque affaire. J'irais bien,
mais je suis trop connu à Gibraltar. »

Le Borgne dit :

760 « Moi aussi, on m'y connaît, j'y ai fait tant de farces aux
Écrevisses[1] et, comme je n'ai qu'un œil, je suis difficile à
déguiser.

– Il faut donc que j'y aille ? dis-je à mon tour, enchanté à
la seule idée de revoir Carmen ; voyons que faut-il faire ? »

765 Les autres me dirent :

« Fais tant que de t'embarquer ou de passer par Saint Roc,

1. Note de Mérimée (voir p. 138).

comme tu aimeras le mieux, et, lorsque tu seras à Gibraltar, demande sur le port où demeure une marchande de chocolat qui s'appelle la Rollona ; quand tu l'auras trouvée, tu sauras
770 d'elle ce qui se passe là-bas. »

Il fut convenu que nous partirions tous les trois pour la sierra de Gaucin, que j'y laisserais mes deux compagnons, et que je me rendrais à Gibraltar comme un marchand de fruits[1]. À Ronda, un homme qui était à nous m'avait procuré
775 un passeport ; à Gaucin, on me donna un âne : je le chargeai d'oranges et de melons, et je me mis en route. Arrivé à Gibraltar, je trouvai qu'on y connaissait bien la Rollona, mais elle était morte ou elle était allée à *finibus terrae*[2] et sa disparition expliquait, à mon avis, comment nous avions
780 perdu notre moyen de correspondre avec Carmen. Je mis mon âne dans une écurie, et, prenant mes oranges, j'allais par la ville comme pour les vendre, mais, en effet[3], pour voir si je ne rencontrerais pas quelque figure de connaissance. Il y a là force canaille de tous les pays du monde, et c'est la tour
785 de Babel[4], car on ne saurait faire dix pas dans une rue sans entendre parler autant de langues. Je voyais bien des gens d'Égypte, mais je n'osais guère m'y fier ; je les tâtais[5], et ils me tâtaient. Nous devinions bien que nous étions des coquins ; l'important était de savoir si nous étions de la même
790 bande. Après deux jours passés en courses inutiles, je n'avais rien appris touchant la Rollona ni Carmen, et je pensais à retourner auprès de mes camarades après avoir fait quelques emplettes, lorsqu'en me promenant dans une rue, au coucher du soleil, j'entends une voix de femme d'une fenêtre qui me

1. **Comme un marchand de fruits :** en me faisant passer pour un marchand de fruits.
2. Note de Mérimée (voir p. 138).
3. **En effet :** en réalité.
4. **Tour de Babel :** dans la Bible, tour immense que les hommes voulurent construire par orgueil et qui resta inachevée, car Dieu fit en sorte que les bâtisseurs, parlant des langues différentes, ne se comprennent pas.
5. **Tâtais :** sondais, cherchais à connaître avec prudence.

REPÈRES

• Le discours de Carmen résonne comme un ultimatum : montrez qu'il s'agit d'un moment décisif, d'un carrefour dans la destinée de don José.
• Mettez en valeur le passage d'un moment de pause à une nouvelle phase plus mouvementée.

OBSERVATION

• Dégagez les contrastes dans le discours de Carmen ainsi que les tournures injonctives.
• Opposez les images évoquées par Carmen et celles de don José qui rêve de sa future vie de contrebandier.
• Sur quel rythme sont racontées les premières expériences de contrebande de don José (l. 588-603) ? Examinez le traitement du temps, les toponymes, le temps des verbes, la longueur des phrases, les transitions d'une phrase à l'autre.
• Classez les différentes raisons pour lesquelles don José apprécie sa nouvelle vie.
• Regroupez les termes qui appartiennent au champ lexical du jeu.
• Quels sont les deux événements qui bouleversent cette existence ?
• Trouvez des exemples d'antiphrase (le personnage pense le contraire de ce qu'il dit).
• Reconstituez le portrait de Garcia en vous appuyant sur ses paroles et ses actes, et sur les propos de don José.

INTERPRÉTATIONS

• Comment se manifeste le pragmatisme de Carmen opposé à l'esprit plus romanesque et rêveur de don José ?
• Mesurez l'importance des événements en fonction du mode de narration, en comparant dialogues et actions.
• Soulignez la dimension initiatique du passage, qui mêle les ingrédients du roman d'aventures et ceux du roman d'apprentissage. Pourquoi peut-on parler déjà de premier bilan ?
• Pourquoi cette existence est-elle marquée par la théâtralité et le goût du jeu ? Quelle est alors la part du risque ?
• Justifiez l'antipathie de don José à l'égard de Garcia. Quelle est la fonction de Garcia dans le récit par rapport à don José et à Carmen ?

795 dit : « Marchand d'oranges !... » Je lève la tête, et je vois à un balcon Carmen, accoudée avec un officier en rouge, épaulettes d'or, cheveux frisés, tournure d'un gros mylord. Pour elle, elle était habillée superbement : un châle sur ses épaules, un peigne d'or, toute en soie ; et la bonne pièce, toujours la 800 même ! riait à se tenir les côtes. L'Anglais, en baragouinant[1] l'espagnol, me cria de monter, que madame voulait des oranges ; et Carmen me dit en basque :

« Monte, et ne t'étonne de rien. »

Rien, en effet, ne devait m'étonner de sa part. Je ne sais si 805 j'eus plus de joie que de chagrin en la retrouvant. Il y avait à la porte un grand domestique anglais, poudré[2], qui me conduisit dans un salon magnifique. Carmen me dit aussitôt en basque :

« Tu ne sais pas un mot d'espagnol, tu ne me connais 810 pas. »

Puis se tournant vers l'Anglais :

« Je vous le disais bien, je l'ai tout de suite reconnu pour un Basque ; vous allez entendre quelle drôle de langue. Comme il a l'air bête, n'est-ce pas ? On dirait un chat surpris 815 dans un garde-manger.

– Et toi, lui dis-je dans ma langue, tu as l'air d'une effrontée coquine, et j'ai bien envie de te balafrer la figure devant ton galant.

– Mon galant ! dit-elle, tiens tu as deviné cela tout seul ? 820 Et tu es jaloux de cet imbécile-là ? Tu es encore plus niais qu'avant nos soirées de la rue du Candilejo. Ne vois-tu pas, sot que tu es, que je fais en ce moment les affaires d'Égypte, et de la façon la plus brillante. Cette maison est à moi, les guinées de l'Écrevisse seront à moi ; je le mène par le bout 825 du nez ; je le mènerai d'où il ne sortira jamais.

– Et moi, lui dis-je, si tu fais encore les affaires d'Égypte

1. **En baragouinant :** en parlant de manière confuse et incorrecte une langue mal maîtrisée.

2. **Poudré :** couvert de poudre (sur le visage ou sur les cheveux).

de cette manière-là, je ferai si bien que tu ne recommenceras plus.

– Ah ! oui-dà ! Es-tu mon rom, pour me commander ? Le 830 Borgne le trouve bon, qu'as-tu à y voir ? Ne devrais-tu pas être bien content d'être le seul qui se puisse dire mon *minchorrô*[1] ?

– Qu'est-ce qu'il dit ? demanda l'Anglais.

– Il dit qu'il a soif et qu'il boirait bien un coup », répondit 835 Carmen.

Et elle se renversa sur un canapé en éclatant de rire à sa traduction.

Monsieur, quand cette fille-là riait, il n'y avait pas moyen de parler raison. Tout le monde riait avec elle. Ce grand 840 Anglais se mit à rire aussi, comme un imbécile qu'il était, et ordonna qu'on m'apportât à boire.

Pendant que je buvais :

« Vois-tu cette bague qu'il a au doigt ? dit-elle, si tu veux, je te la donnerai. »

845 Moi je répondis :

« Je donnerais un doigt pour tenir ton mylord dans la montagne, chacun un maquila au poing.

– Maquila, qu'est-ce que cela veut dire ? demanda l'Anglais.

850 – Maquila, dit Carmen riant toujours, c'est une orange. N'est-ce pas un bien drôle de mot pour une orange ? Il dit qu'il voudrait vous faire manger du maquila.

– Oui ? dit l'Anglais. Eh bien ? apporte encore demain du maquila. »

855 Pendant que nous parlions, le domestique entra et dit que le dîner était prêt. Alors l'Anglais se leva, me donna une piastre[2] et offrit son bras à Carmen, comme si elle ne pouvait pas marcher seule. Carmen, riant toujours, me dit :

« Mon garçon, je ne puis t'inviter à dîner ; mais demain,

1. Note de Mérimée (voir p. 138).
2. **Piastre** : pièce de monnaie.

860 dès que tu entendras le tambour pour la parade, viens ici avec des oranges. Tu trouveras une chambre mieux meublée que celle de la rue du Candilejo, et tu verras si je suis toujours ta Carmencita. Et puis nous parlerons des affaires d'Égypte. »

Je ne répondis rien, et j'étais dans la rue que l'Anglais me 865 criait :

« Apportez demain du maquila ! »

Et j'entendis les éclats de rire de Carmen.

Je sortis ne sachant ce que je ferais, je ne dormis guère, et le matin je me trouvais si en colère contre cette traîtresse que 870 j'avais résolu de partir de Gibraltar sans la revoir ; mais, au premier roulement de tambour, tout mon courage m'abandonna ; je pris ma natte[1] d'oranges et je courus chez Carmen. Sa jalousie[2] était entr'ouverte, et je vis son grand œil noir qui me guettait. Le domestique poudré m'introduisit aus- 875 sitôt ; Carmen lui donna une commission, et dès que nous fûmes seuls, elle partit d'un de ses éclats de rire de crocodile, et se jeta à mon cou. Je ne l'avais jamais vue si belle. Parée comme une madone, parfumée... des meubles de soie, des rideaux brodés... ah !... et moi fait[3] comme un voleur que 880 j'étais.

« Minchorrô ! disait Carmen, j'ai envie de tout casser ici, de mettre le feu à la maison et de m'enfuir à la sierra. »

Et c'étaient des tendresses !... et puis des rires !... et elle dansait, et elle déchirait ses falbalas[4] ; jamais singe ne fit plus 885 de gambades, de grimaces, de diableries[5]. Quand elle eut repris son sérieux :

« Écoute, me dit-elle, il s'agit de l'Égypte. Je veux qu'il me mène à Ronda, où j'ai une sœur religieuse... (Ici nouveaux éclats de rire.) Nous passons par un endroit que je te ferai

1. **Natte :** panier ou tapis fait de végétaux tressés.
2. **Jalousie :** volet à travers lequel on peut voir sans être vu.
3. **Fait :** vêtu.
4. **Falbalas :** volants qui servent d'ornement au bas d'une robe, d'une jupe ou d'un rideau.
5. **Diableries :** tours et gestes extravagants.

890 dire. Vous tombez sur lui : pillé rasibus[1]. Le mieux serait de l'escoffier[2], mais, ajouta-t-elle avec un sourire diabolique qu'elle avait dans de certains moments, et ce sourire-là, personne n'avait alors envie de l'imiter, – sais-tu ce qu'il faudrait faire ? Que le Borgne paraisse le premier. Tenez-vous un peu
895 en arrière ; l'Écrevisse est brave et adroit : il a de bons pistolets... Comprends-tu ? »

Elle s'interrompit par un nouvel éclat de rire qui me fit frissonner.

« Non, lui dis-je : je hais Garcia, mais c'est mon camarade.
900 Un jour peut-être je t'en débarrasserai, mais nous réglerons nos comptes à la façon de mon pays. Je ne suis Égyptien que par hasard ; et pour certaines choses, je serai toujours franc Navarrais[3], comme dit le proverbe. »

Elle reprit :

905 « Tu es une bête, un niais, un vrai *payllo*. Tu es comme le nain qui se croit grand quand il a pu cracher loin[4]. Tu ne m'aimes pas, va-t'en. »

Quand elle me disait : Va-t'en ! je ne pouvais m'en aller. Je promis de partir, de retourner auprès de mes camarades
910 et d'attendre l'Anglais ; de son côté, elle me promit d'être malade jusqu'au moment de quitter Gibraltar pour Ronda. Je demeurai encore deux jours à Gibraltar. Elle eut l'audace de me venir voir déguisée dans mon auberge. Je partis ; moi aussi j'avais mon projet. Je retournai à notre rendez-vous,
915 sachant le lieu et l'heure où l'Anglais et Carmen devaient passer. Je trouvai le Dancaïre et Garcia qui m'attendaient. Nous passâmes la nuit dans un bois auprès d'un feu de pommes de pin qui flambait à merveille. Je proposai à Garcia de jouer aux cartes. Il accepta. À la seconde partie je lui dis
920 qu'il trichait ; il se mit à rire. Je lui jetai les cartes à la figure.

1. **Rasibus :** « à ras », sans lui laisser quoi que ce soit.
2. **Escoffier :** tuer (argot).
3. Note de Mérimée (voir p. 138).
4. Note de Mérimée (voir p. 138).

Il voulut prendre son espingole ; je mis le pied dessus, et je lui dis : « On dit que tu sais jouer du couteau comme le meilleur jaque[1] de Malaga ; veux-tu t'essayer avec moi ? » Le Dancaïre voulut nous séparer. J'avais donné deux ou trois 925 coups de poing à Garcia. La colère l'avait rendu brave ; il avait tiré son couteau, moi le mien. Nous dîmes tous deux au Dancaïre de nous laisser place libre et franc jeu. Il vit qu'il n'y avait pas moyen de nous arrêter, et il s'écarta. Garcia était déjà ployé[2] en deux comme un chat prêt à s'élancer 930 contre une souris. Il tenait son chapeau de la main gauche pour parer[3] son couteau en avant. C'est leur garde andalouse. Moi, je me mis à la navarraise, droit en face de lui, le bras gauche levé, la jambe gauche en avant, le couteau le long de la cuisse droite. Je me sentais plus fort qu'un géant. Il se 935 lança sur moi comme un trait[4] ; je tournai sur le pied gauche et il ne trouva plus rien devant lui ; mais je l'atteignis à la gorge, et le couteau entra si avant, que ma main était sous le menton. Je retournai la lame si fort qu'elle se cassa. C'était fini. La lame sortit de la plaie, lancée par un bouillon de sang 940 gros comme le bras. Il tomba sur le nez, raide comme un pieu.

« Qu'as-tu fait ? me dit le Dancaïre.

– Écoute, lui dis-je : nous ne pouvions vivre ensemble. J'aime Carmen, et je veux être seul. D'ailleurs, Garcia était 945 un coquin, et je me rappelle ce qu'il a fait au pauvre Remendado. Nous ne sommes plus que deux, mais nous sommes bons garçons. Voyons, veux-tu de moi pour ami, à la vie, à la mort ? »

Le Dancaïre me tendit la main. C'était un homme de cin-950 quante ans.

« Au diable les amourettes ! s'écria-t-il. Si tu lui avais

1. **Jaque :** gars.
2. **Ployé :** courbé, plié.
3. **Parer :** détourner ou éviter (un coup dans un duel).
4. **Trait :** flèche ou autre projectile.

demandé Carmen, il te l'aurait vendue pour une piastre. Nous ne sommes plus que deux ; comment ferons-nous demain ?

955 – Laisse-moi faire tout seul, lui répondis-je. Maintenant je me moque du monde entier. »

Nous enterrâmes Garcia, et nous allâmes placer notre camp deux cents pas plus loin. Le lendemain, Carmen et son Anglais passèrent avec deux muletiers et un domestique. Je 960 dis au Dancaïre :

« Je me charge de l'Anglais. Fais peur aux autres, ils ne sont pas armés. »

L'Anglais avait du cœur. Si Carmen ne lui eût poussé le bras, il me tuait. Bref, je reconquis Carmen en ce jour-là et 965 mon premier mot fut de lui dire qu'elle était veuve. Quand elle sut comment cela s'était passé :

« Tu seras toujours un *lillipendi !* me dit-elle. Garcia devait te tuer. Ta garde navarraise n'est qu'une bêtise, et il en a mis à l'ombre de plus habiles que toi. C'est que son temps était 970 venu. Le tien viendra.

– Et le tien, répondis-je, si tu n'es pas pour moi une vraie romi.

– À la bonne heure, dit-elle ; j'ai vu plus d'une fois dans du marc de café que nous devions finir ensemble. Bah ! arrive 975 qui plante[1] ! »

Et elle fit claquer ses castagnettes, ce qu'elle faisait toujours quand elle voulait chasser quelque idée importune[2].

On s'oublie quand on parle de soi. Tous ces détails-là vous ennuient sans doute, mais j'ai bientôt fini. La vie que nous 980 menions dura assez longtemps. Le Dancaïre et moi nous nous étions associés quelques camarades plus sûrs que les premiers, et nous nous occupions de contrebande, et aussi parfois, il faut bien l'avouer, nous arrêtions sur la grande route, mais à la dernière extrémité et lorsque nous ne pouvions faire

1. **Arrive qui plante :** ce qui doit arriver arrivera (expression proverbiale).
2. **Importune :** désagréable, gênante.

REPÈRES

• Étudiez le passage de la réflexion à l'action.
• Commentez les changements rapides de lieux et de projets.

OBSERVATION

• Décrivez le type de phrases, la ponctuation, le temps des verbes utilisés pour évoquer l'expédition de don José à Gibraltar.
• Relevez les termes péjoratifs qui servent à désigner la population de la ville.
• Quels sont les détails qui révèlent la richesse de l'Anglais ?
• L'Anglais se trompe sur l'identité de don José. Comment s'appelle ce procédé ?
• Quels éléments ridiculisent l'Anglais, qui semble tenu à l'écart ?
• Les propos de Carmen sont tantôt tendres, tantôt méprisants. Classez-les. Un verbe souligne le point commun entre don José et sa maîtresse, qui possèdent un caractère emporté et violent. Relevez une allusion à un épisode sanglant au début du chapitre.
• Notez un effet de comique de répétition dans les propos de l'Anglais, qui n'a rien compris. Comment s'appelle ce procédé ?
• Décrivez les phases du duel qui oppose Garcia à don José. Quel rôle le Dancaïre veut-il jouer ? Caractérisez le style et les détails des mouvements.

INTERPRÉTATIONS

• Montrez que les événements douloureux sont rapidement oubliés dans le feu de l'action et que les sentiments dominants sont l'euphorie et l'exaltation et non le regret et le remords.
• Que symbolise la tour de Babel dans ce contexte ?
• Comment Carmen répartit-elle les rôles entre les différents personnages présents ?
• Quel est finalement le point commun entre l'Anglais et don José ?
• Montrez qu'elle aime prendre des risques et que le dialogue est tendu et rempli de pièges et de sous-entendus.
• Pourquoi cette scène à trois est-elle à la fois comique et inquiétante ? Rapprochez-la d'un épisode de *Manon Lescaut* de l'abbé Prévost et des premières folles journées passées chez Dorothée.
• Doit-on parler encore une fois de fatalité dans cet épisode sanglant ?

Illustration d'Alexandre Lunois (1863-1916)
pour une édition de Carmen.
Bibliothèque nationale, Paris.

985 autrement. D'ailleurs, nous ne maltraitions pas les voyageurs, et nous nous bornions à leur prendre leur argent. Pendant quelques mois je fus content de Carmen ; elle continuait à nous être utile pour nos opérations, en nous avertissant des bons coups que nous pourrions faire. Elle se tenait, soit à 990 Malaga, soit à Cordoue, soit à Grenade ; mais, sur un mot de moi, elle quittait tout, et venait me retrouver dans une venta isolée, ou même au bivouac. Une fois seulement, c'était à Malaga, elle me donna quelque inquiétude. Je sus qu'elle avait jeté son dévolu sur[1] un négociant fort riche, avec lequel 995 probablement elle se proposait de recommencer la plaisanterie de Gibraltar. Malgré tout ce que le Dancaïre put me dire pour m'arrêter, je partis et j'entrai dans Malaga en plein jour, je cherchai Carmen et je l'emmenai aussitôt. Nous eûmes une verte explication.

1000 « Sais-tu, me dit-elle, que, depuis que tu es mon rom pour tout de bon, je t'aime moins que lorsque tu étais mon minchorrô ? Je ne veux pas être tourmentée ni surtout commandée. Ce que je veux, c'est être libre et faire ce qui me plaît. Prends garde de me pousser à bout. Si tu m'ennuies, je trou- 1005 verai quelque bon garçon qui te fera comme tu as fait au Borgne. »

Le Dancaïre nous raccommoda ; mais nous nous étions dit des choses qui nous restaient sur le cœur et nous n'étions plus comme auparavant. Peu après, un malheur nous arriva. 1010 La troupe nous surprit. Le Dancaïre fut tué, ainsi que deux de mes camarades ; deux autres furent pris. Moi, je fus grièvement blessé, et, sans mon bon cheval, je demeurais entre les mains des soldats. Exténué de fatigue, ayant une balle dans le corps, j'allai me cacher dans un bois avec le seul 1015 compagnon qui me restât. Je m'évanouis en descendant de cheval, et je crus que j'allais crever dans les broussailles comme un lièvre qui a reçu du plomb. Mon camarade me

1. **Elle avait jeté son dévolu sur :** elle avait choisi (comme personne à séduire).

porta dans une grotte que nous connaissions, puis il alla chercher Carmen. Elle était à Grenade, et aussitôt elle accourut.
1020 Pendant quinze jours, elle ne me quitta pas d'un instant. Elle ne ferma pas l'œil ; elle me soigna avec une adresse et des attentions que jamais femme n'a eues pour l'homme le plus aimé. Dès que je pus me tenir sur mes jambes, elle me mena à Grenade dans le plus grand secret. Les bohémiennes
1025 trouvent partout des asiles sûrs, et je passai plus de six semaines dans une maison à deux portes du corrégidor qui me cherchait. Plus d'une fois, regardant derrière un volet, je le vis passer. Enfin je me rétablis ; mais j'avais fait bien des réflexions sur mon lit de douleur, et je projetais de changer
1030 de vie. Je parlai à Carmen de quitter l'Espagne, et de chercher à vivre honnêtement dans le Nouveau Monde[1]. Elle se moqua de moi.

« Nous ne sommes pas faits pour planter des choux, dit-elle ; notre destin, à nous, c'est de vivre aux dépens des payl-
1035 los. Tiens, j'ai arrangé une affaire avec Nathan Ben-Joseph de Gibraltar. Il a des cotonnades[2] qui n'attendent que toi pour passer. Il sait que tu es vivant. Il compte sur toi. Que diraient nos correspondants de Gibraltar si tu leur manquais de parole ? »

1040 Je me laissai entraîner, et je repris mon vilain commerce.

Pendant que j'étais caché à Grenade, il y eut des courses de taureaux où Carmen alla. En revenant, elle parla beaucoup d'un picador très adroit nommé Lucas. Elle savait le nom de son cheval, et combien lui coûtait sa veste brodée. Je
1045 n'y fis pas attention. Juanito, le camarade qui m'était resté, me dit, quelques jours après, qu'il avait vu Carmen avec Lucas chez un marchand du Zacatin. Cela commença à m'alarmer. Je demandai à Carmen comment et pourquoi elle avait fait connaissance avec le picador.

1. **Le Nouveau Monde :** l'Amérique (*cf.* la fin des aventures de Manon Lescaut et du chevalier des Grieux)
2. **Cotonnades :** tissus fabriqués avec du coton.

« C'est un garçon, dit-elle, avec qui on peut faire une affaire. Rivière qui fait du bruit a de l'eau ou des cailloux[1]. Il a gagné douze cents réaux[2] aux courses. De deux choses l'une : ou bien il faut avoir cet argent ; ou bien, comme c'est un bon cavalier et un gaillard de cœur, on peut l'enrôler dans notre bande. Un tel et un tel sont morts, tu as besoin de les remplacer. Prends-le avec toi.

– Je ne veux, répondis-je, ni de son argent, ni de sa personne, et je te défends de lui parler.

– Prends garde, me dit-elle ; lorsqu'on me défie de faire une chose, elle est bientôt faite ! »

Heureusement le picador partit pour Malaga, et moi, je me mis en devoir de faire entrer les cotonnades du Juif. J'eus fort à faire dans cette expédition-là. Carmen aussi, et j'oubliai Lucas ; peut-être aussi l'oublia-t-elle, pour le moment du moins. C'est vers ce temps, monsieur, que je vous rencontrai d'abord près de Montilla, puis, après, à Cordoue. Je ne vous parlerai pas de notre dernière entrevue. Vous en savez peut-être plus long que moi. Carmen vous vola votre montre ; elle voulait encore votre argent, et surtout cette bague que je vois à votre doigt, et qui, dit-elle, est un anneau magique qu'il lui importait beaucoup de posséder. Nous eûmes une violente dispute, et je la frappai. Elle pâlit et pleura. C'était la première fois que je la voyais pleurer, et cela me fit un effet terrible. Je lui demandai pardon, mais elle me bouda pendant tout un jour, et, quand je repartis pour Montilla, elle ne voulut pas m'embrasser. J'avais le cœur gros, lorsque, trois jours après, elle vint me trouver l'air riant et gaie comme un pinson. Tout était oublié, et nous avions l'air d'amoureux de deux jours. Au moment de nous séparer elle me dit :

« Il y a une fête à Cordoue, je vais la voir, puis je saurai les gens qui s'en vont avec de l'argent, et je te le dirai. »

Je la laissai partir. Seul, je pensai à cette fête et à ce chan-

1. Note de Mérimée (voir p. 138).
2. **Réaux** : monnaie espagnole (un quart de peseta).

gement d'humeur de Carmen. Il faut qu'elle se soit vengée déjà, me dis-je, puisqu'elle est revenue la première. Un paysan 1085 me dit qu'il y avait des taureaux à Cordoue. Voilà mon sang qui bouillonne, et, comme un fou, je pars, et je vais à la place[1]. On me montra Lucas, et, sur le banc contre la barrière, je reconnus Carmen. Il me suffit de la voir une minute pour être sûr de mon fait. Lucas, au premier taureau, fit le 1090 joli cœur[2], comme je l'avais prévu. Il arracha la cocarde[3] du taureau et la porta à Carmen, qui s'en coiffa sur-le-champ. Le taureau se chargea de me venger. Lucas fut culbuté avec son cheval sur la poitrine, et le taureau par-dessus tous les deux. Je regardai Carmen, elle n'était déjà plus à sa place. Il 1095 m'était impossible de sortir de celle où j'étais, et je fus obligé d'attendre la fin des courses. Alors j'allai à la maison que vous connaissez, et je m'y tins coi[4] toute la soirée et une partie de la nuit. Vers deux heures du matin Carmen revint, et fut un peu surprise de me voir.

1100 « Viens avec moi, lui dis-je.

– Eh bien ! dit-elle, partons ! »

J'allai prendre mon cheval, je la mis en croupe, et nous marchâmes tout le reste de la nuit sans nous dire un seul mot. Nous nous arrêtâmes au jour dans une venta isolée, 1105 assez près d'un petit ermitage[5]. Là je dis à Carmen :

« Écoute, j'oublie tout. Je ne te parlerai de rien ; mais jure-moi une chose : c'est que tu vas me suivre en Amérique, et que tu t'y tiendras tranquille.

– Non, dit-elle d'un ton boudeur, je ne veux pas aller en 1110 Amérique. Je me trouve bien ici.

– C'est parce que tu es près de Lucas : mais songes-y bien, s'il guérit, ce ne sera pas pour faire de vieux os. Au reste,

1. **La place :** les arènes.
2. **Fit le joli cœur :** fit le galant, chercha à se rendre intéressant pour attirer l'attention, pour séduire.
3. Note de Mérimée (voir p. 138).
4. **Coi :** immobile et silencieux.
5. **Ermitage :** résidence des ermites.

REPÈRES

• Notez une accélération et une condensation du récit.
• Montrez que l'existence des contrebandiers prend une allure routinière par rapport aux événements précédents.

OBSERVATION

• Qui est désigné derrière le « on » et le « vous » (« On s'oublie quand on parle de soi. Tous ces détails-là vous ennuient sans doute ») ? Comment appelle-t-on ce genre de propos et le procédé qui consiste à passer sous silence certains détails trop longs ?
• Distinguez les aspects positifs et les points négatifs de ce bilan. Observe-t-on un phénomène de compensation entre les malheurs survenus et des avantages inattendus ?
• Où se trouve le Nouveau Monde ? Quelle image péjorative Carmen utilise-t-elle pour évoquer la vie dans le Nouveau Monde ? Que critique-t-elle ? Quels sont ses arguments pour dissuader don José ?
• Quel est le statut de Lucas ? Rapprochez-le d'autres personnages rencontrés précédemment. Quelles formes prend la jalousie de don José ?
• À quel épisode précédent don José fait-il allusion (« Je ne vous parlerai pas de notre dernière entrevue ») ?

INTERPRÉTATIONS

• Justifiez l'accélération du récit et les interventions du narrateur (don José). Montrez que la situation, et surtout les rapports entre les amants, se dégradent.
• Que représente « le Nouveau Monde » ? Pourquoi, dans l'esprit de don José, la vie pourrait-elle y être honnête ? Quel rêve poursuit-il ? Comparez avec la fuite de Manon Lescaut et de des Grieux. Quelle est la différence entre les deux parcours ? Citez un écrivain du XIXe siècle qui a évoqué le Nouveau Monde.
• Pourquoi Carmen s'intéresse-t-elle au picador ? Distinguez raisons alléguées et motifs plus inavouables.
• À quoi sert la démultiplication des points de vue (le récit de la « dernière entrevue » commentée par don José après avoir été présentée par le narrateur au chapitre II) ? Comment devine-t-on l'indifférence de don José quand Lucas est blessé ?

Picador. Aquarelle d'Eugène Delacroix (1798-1863). Musée du Louvre, Paris.

pourquoi m'en prendre à lui ? Je suis las de tuer tous tes amants ; c'est toi que je tuerai. »

1115 Elle me regarda fixement de son regard sauvage et me dit :

« J'ai toujours pensé que tu me tuerais. La première fois que je t'ai vu, je venais de rencontrer un prêtre à la porte de ma maison[1]. Et cette nuit, en sortant de Cordoue, n'as-tu rien vu ? Un lièvre a traversé le chemin entre les pieds de ton 1120 cheval. C'est écrit.

– Carmencita, lui demandai-je, est-ce que tu ne m'aimes plus ? »

Elle ne répondit rien. Elle était assise les jambes croisées sur une natte et faisait des traits par terre avec son doigt.

1125 « Changeons de vie, Carmen, lui dis-je d'un ton suppliant. Allons vivre quelque part où nous ne serons jamais séparés. Tu sais que nous avons, pas loin d'ici, sous un chêne, cent vingt onces[2] enterrées... Puis, nous avons des fonds[3] encore chez le Juif Ben-Joseph. »

1130 Elle se mit à sourire, et me dit :

« Moi d'abord, toi ensuite. Je sais que cela doit arriver ainsi.

– Réfléchis, repris-je ; je suis au bout de ma patience et de mon courage ; prends ton parti ou je prendrai le mien. »

1135 Je la quittai et j'allai me promener du côté de l'ermitage. Je trouvai l'ermite qui priait. J'attendis que sa prière fût finie ; j'aurais bien voulu prier, mais je ne pouvais pas. Quand il se releva, j'allai à lui.

« Mon père, lui dis-je, voulez-vous prier pour quelqu'un 1140 qui est en grand péril ?

– Je prie pour tous les affligés, dit-il.

– Pouvez-vous dire une messe pour une âme qui va peut-être paraître devant son Créateur ?

---

1. **Je venais de rencontrer un prêtre à la porte de ma maison :** rencontre de mauvais augure dans les croyances populaires.
2. **Onces :** (sous-entendu d'or) ancien poids.
3. **Fonds :** somme d'argent.

– Oui », répondit-il en me regardant fixement.

1145 Et, comme il y avait dans mon air quelque chose d'étrange, il voulut me faire parler :

« Il me semble que je vous ai vu », dit-il.

Je mis une piastre sur son banc.

« Quand direz-vous la messe ? lui demandai-je.

1150 – Dans une demi-heure. Le fils de l'aubergiste de là-bas va venir la servir. Dites-moi, jeune homme, n'avez-vous pas quelque chose sur la conscience qui vous tourmente ? voulez-vous écouter les conseils d'un chrétien ? »

Je me sentais près de pleurer. Je lui dis que je reviendrais, 1155 et je me sauvai. J'allai me coucher sur l'herbe jusqu'à ce que j'entendisse la cloche. Alors je m'approchai, mais je restai en dehors de la chapelle. Quand la messe fut dite, je retournai à la venta. J'espérais que Carmen se serait enfuie ; elle aurait pu prendre mon cheval et se sauver... mais je la retrouvai. 1160 Elle ne voulait pas qu'on pût dire que je lui avais fait peur. Pendant mon absence, elle avait défait l'ourlet de sa robe pour en retirer le plomb[1]. Maintenant, elle était devant une table, regardant dans une terrine pleine d'eau le plomb qu'elle avait fait fondre, et qu'elle venait d'y jeter. Elle était si occu-1165 pée de sa magie qu'elle ne s'aperçut pas d'abord de mon retour. Tantôt elle prenait un morceau de plomb et le tournait de tous les côtés d'un air triste, tantôt elle chantait quelqu'une de ces chansons magiques où elles invoquent Marie Padilla[2], la maîtresse de don Pedro, qui fut, dit-on, la *Bari* 1170 *Crallisa*, ou la grande reine des Bohémiens.

« Carmen, lui dis-je, voulez-vous venir avec moi ? »

Elle se leva, jeta sa sébile[3], et mit sa mantille sur sa tête comme prête à partir. On m'amena mon cheval, elle monta en croupe et nous nous éloignâmes.

---

1. **Le plomb :** cousu dans l'ourlet d'une robe ou d'une jupe pour qu'elles soient bien droites.
2. Note de Mérimée (voir p. 139).
3. **Sébile :** coupelle en bois dans laquelle on dépose de l'argent.

1175 « Ainsi, lui dis-je, ma Carmen, après un bout de chemin, tu veux bien me suivre, n'est-ce pas ?

– Je te suis à la mort, oui, mais je ne vivrai plus avec toi. »

Nous étions dans une gorge solitaire[1] ; j'arrêtai mon cheval.

1180 « Est-ce ici ? » dit-elle.

Et d'un bond elle fut à terre. Elle ôta sa mantille, la jeta à ses pieds, et se tint immobile un poing sur la hanche, me regardant fixement.

« Tu veux me tuer, je le vois bien, dit-elle ; c'est écrit, mais 1185 tu ne me feras pas céder.

– Je t'en prie, lui dis-je, sois raisonnable. Écoute-moi ! tout le passé est oublié. Pourtant, tu le sais, c'est toi qui m'as perdu ; c'est pour toi que je suis devenu un voleur et un meurtrier. Carmen ! ma Carmen ! laisse-moi te sauver et me sau-1190 ver avec toi.

– José, répondit-elle, tu me demandes l'impossible. Je ne t'aime plus ; toi, tu m'aimes encore, et c'est pour cela que tu veux me tuer. Je pourrais bien encore te faire quelque mensonge ; mais je ne veux pas m'en donner la peine. Tout est 1195 fini entre nous. Comme mon rom, tu as le droit de tuer ta romi ; mais Carmen sera toujours libre. *Calli* elle est née, *calli* elle mourra.

– Tu aimes donc Lucas ? lui demandai-je.

– Oui, je l'ai aimé, comme toi, un instant, moins que toi 1200 peut-être. À présent, je n'aime plus rien, et je me hais pour t'avoir aimé. »

Je me jetai à ses pieds, je lui pris les mains, je les arrosai de mes larmes. Je lui rappelai tous les moments de bonheur que nous avions passés ensemble. Je lui offris de rester bri-1205 gand pour lui plaire. Tout, monsieur, tout ; je lui offris tout, pourvu qu'elle voulût m'aimer encore !

Elle me dit :

1. **Solitaire :** déserte.

« T'aimer encore, c'est impossible. Vivre avec toi, je ne le veux pas. »

1210 La fureur me possédait. Je tirai mon couteau. J'aurais voulu qu'elle eût peur et me demandât grâce, mais cette femme était un démon.

« Pour la dernière fois, m'écriai-je, veux-tu rester avec moi ?

1215 – Non ! non ! non ! » dit-elle en frappant du pied.

Et elle tira de son doigt une bague que je lui avais donnée, et la jeta dans les broussailles.

Je la frappai deux fois. C'était le couteau du Borgne que j'avais pris, ayant cassé le mien. Elle tomba au second coup 1220 sans crier. Je crois encore voir son grand œil noir me regarder fixement ; puis il devint trouble et se ferma. Je restai anéanti[1] une bonne heure devant ce cadavre. Puis, je me rappelai que Carmen m'avait dit souvent qu'elle aimerait à être enterrée dans un bois. Je lui creusai une fosse avec mon couteau, et 1225 je l'y déposai. Je cherchai longtemps sa bague et je la trouvai à la fin. Je la mis dans la fosse auprès d'elle avec une petite croix. Peut-être ai-je eu tort. Ensuite je montai sur mon cheval, je galopai jusqu'à Cordoue, et au premier corps de garde je me fis connaître. J'ai dit que j'avais tué Carmen ; mais je 1230 n'ai pas voulu dire où était son corps. L'ermite était un saint homme. Il a prié pour elle ! Il a dit une messe pour son âme... Pauvre enfant ! Ce sont les *Calés*[2] qui sont coupables pour l'avoir élevée ainsi.

---

1. **Anéanti** : profondément abattu, accablé.
2. Note de Mérimée (voir p. 139).

REPÈRES

• Qu'est-ce qui permet de déceler un assombrissement et un alourdissement de l'atmosphère ?
• Pourquoi n'est-on pas surpris par la tournure des événements ?

OBSERVATION

• Quel est le mode des verbes au début du passage ? Relevez un effet de symétrie dans les propos des deux personnages. Qui donne des ordres ?
• Les personnages répondent-ils aux questions posées (« Et cette nuit, en sortant de Cordoue, n'as-tu rien vu ? », « Carmencita, lui demandai-je, est-ce que tu ne m'aimes plus ? ») ? Quelle est la valeur du nom « Carmencita » ?
• Quelles sont les stratégies adoptées par don José pour convaincre ou amadouer Carmen ?
• Étudiez le regard et les paroles de l'ermite.
• Analysez le jeu des différents pronoms personnels et l'emploi de l'adjectif possessif « ma » dans la dernière scène.
• Relevez les anaphores, le rythme ternaire, les effets de symétrie dans la construction des phrases, surtout chez Carmen.
• Les paroles sont mises en valeur par les attitudes et les gestes des protagonistes : opposez-les.
• Comment le geste meurtrier est-il évoqué ?

INTERPRÉTATIONS

• Que traduit le laconisme du dialogue ?
• Comment comprendre les ruptures et les silences des dialogues ?
• Comment se manifestent la légèreté et l'entêtement de Carmen ?
• Quel rôle pourrait jouer l'ermite ?
• Mettez en relief les sentiments contradictoires éprouvés par don José.
• Caractérisez la dimension pathétique de la scène et la montée de la tension.
• Que symbolise la bague jetée par Carmen ? Y a-t-il dans le texte une autre bague mentionnée ?
• Comment justifier la sobriété de la fin pourtant tragique ?

Le chapitre III pourrait être détaché du reste de la nouvelle car il constitue à lui seul le cœur du récit et forme un tout, avec un début (« Je suis né, dit-il à Élizondo, dans la vallée de Baztan ») et une conclusion (« Pauvre enfant ! Ce sont les *Calés* qui sont coupables pour l'avoir élevée ainsi ») bien distincts. Le narrateur-relais de ce récit enchâssé est à la fois témoin, acteur et conteur de sa propre histoire.

Un roman d'aventures

La densité des événements (déplacements, rencontres inquiétantes ou galantes) est beaucoup plus importante dans le chapitre III que dans les précédents. Don José est à la fois passif, manipulé par Carmen, victime de la fatalité, et actif quand il prend des décisions ou tue des hommes. Les aventures se transforment progressivement en mésaventures, selon le même schéma que pour le narrateur (chap. II : l'entretien galant devient presque un traquenard funeste). Le rythme est rapide, grâce aux ellipses et aux procédés de condensation.
Le récit s'apparente à un voyage initiatique, géographique et social. En effet, le noble basque a quitté sa terre natale et découvre un pays et sa population : l'Espagne évoquée à travers une série de toponymes (Cordoue, Séville, Jerez, Gaucin, Gibraltar, Estepona, Ronda, Malaga). Une savoureuse galerie de portraits nous présente différentes couches de la société : peuple, hommes d'Église (dominicains, ermite), contrebandiers, militaires, riches touristes étrangers.

Une confession

L'ensemble du récit enchâssé se présente sous la forme d'une vaste analepse, la confession d'un condamné. La vision rétrospective d'une vie se transforme en regard introspectif et plongée dans les bas-fonds de l'âme humaine. Carmen représente un nouvel avatar d'Ève : « J'étais si faible devant cette créature, que j'obéissais à tous ses caprices. » Le criminel n'est pas hanté par le remords et ne songe pas au péché, mais il est entraîné par une passion aveugle, moins liée à un désir charnel qu'à un sentiment de jalousie. Les répétitions (« Je suis las de tuer tous tes amants ; c'est toi que je tuerai ») et le champ lexical de la déraison (« La fureur me possédait ») accentuent la fragilité de l'être humain.

CHAPITRE IV

L'ESPAGNE est un des pays où se trouvent aujourd'hui en plus grand nombre encore, ces nomades dispersés dans toute l'Europe, et connus sous les noms de *Bohémiens*, *Gitanos*, *Gypsies*, *Zigeuner*, etc. La plupart demeurent, ou plutôt
5 mènent une vie errante dans les provinces du Sud et de l'Est, en Andalousie, en Estramadure, dans le royaume de Murcie ; il y en a beaucoup en Catalogne. Ces derniers passent souvent en France. On en rencontre dans toutes nos foires du Midi. D'ordinaire, les hommes exercent les métiers de maquignon,
10 de vétérinaire et de tondeur de mulets ; ils y joignent l'industrie de raccommoder les poêlons[1] et les instruments de cuivre, sans parler de la contrebande et autres pratiques illicites[2]. Les femmes disent la bonne aventure, mendient et vendent toutes sortes de drogues[3] innocentes ou non.
15 Les caractères physiques des Bohémiens sont plus faciles à distinguer qu'à décrire, et lorsqu'on en a vu un seul, on reconnaîtrait entre mille un individu de cette race. La physionomie, l'expression, voilà surtout ce qui les sépare des peuples qui habitent le même pays. Leur teint est très
20 basané[4], toujours plus foncé que celui des populations parmi lesquelles ils vivent. De là le nom de *Calés*[5], les noirs, par lequel ils se désignent souvent. Leurs yeux sensiblement obliques, bien fendus, très noirs, sont ombragés par des cils longs et épais. On ne peut comparer leur regard qu'à celui

1. **Poêlon :** casserole de métal ou de terre à manche creux.
2. **Illicites :** interdites par la loi.
3. **Drogues :** médicaments douteux.
4. **Basané :** bronzé, hâlé.
5. Note de Mérimée (voir p. 139).

25 d'une bête fauve. L'audace et la timidité s'y peignent tout à la fois, et sous ce rapport leurs yeux révèlent assez bien le caractère de la nation, rusée, hardie, mais craignant naturellement les coups comme Panurge[1]. Pour la plupart les hommes sont bien découplés[2], sveltes, agiles ; je ne crois pas
30 en avoir jamais vu un seul chargé d'embonpoint[3]. En Allemagne, les Bohémiennes sont souvent très jolies ; la beauté est fort rare parmi les Gitanas d'Espagne. Très jeunes elles peuvent passer pour des laiderons[4] agréables ; mais une fois qu'elles sont mères, elles deviennent repoussantes. La saleté
35 des deux sexes est incroyable, et qui n'a pas vu les cheveux d'une matrone[5] bohémienne s'en fera difficilement une idée, même en se représentant les crins les plus rudes, les plus gras, les plus poudreux. Dans quelques grandes villes d'Andalousie, certaines jeunes filles, un peu plus agréables que les
40 autres, prennent plus de soin de leur personne. Celles-là vont danser pour de l'argent, des danses qui ressemblent fort à celles que l'on interdit dans nos bals publics du carnaval. M. Borrow[6], missionnaire anglais, auteur de deux ouvrages fort intéressants sur les Bohémiens d'Espagne, qu'il avait
45 entrepris de convertir, aux frais de la Société biblique, assure qu'il est sans exemple qu'une Gitana ait jamais eu quelque faiblesse pour un homme étranger à sa race. Il me semble qu'il y a beaucoup d'exagération dans les éloges qu'il accorde à leur chasteté. D'abord, le plus grand nombre est dans le
50 cas de la laide d'Ovide : *Casta quam nemo rogavit*[7]. Quant aux jolies, elles sont comme toutes les Espagnoles, difficiles dans le choix de leurs amants. Il faut leur plaire, il faut les

1. **Panurge :** personnage rabelaisien.
2. **Découplés :** grands et bien bâtis.
3. **Embonpoint :** état d'un corps un peu gras et épanoui.
4. **Laiderons :** jeunes personnes laides.
5. **Matrone :** femme assez grosse et d'aspect peu raffiné.
6. **Borrow :** érudit anglais (1803-1881), auteur de *The Zingali, or an account of the Gypsies in Spain.*
7. ***Casta quam nemo rogavit :*** femme chaste que nul n'a sollicitée.

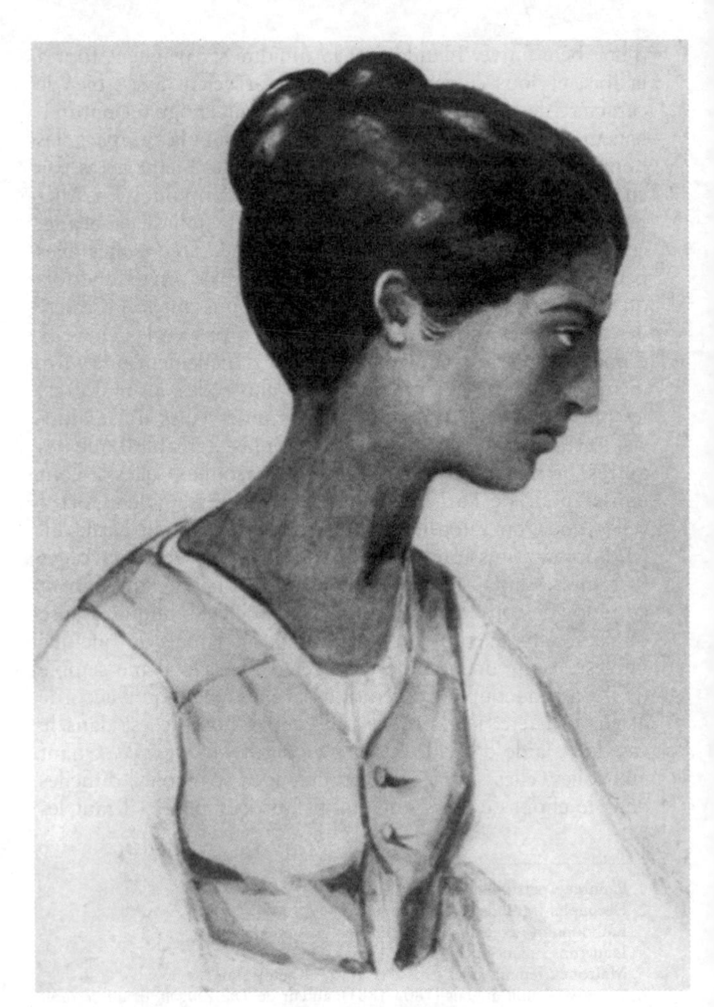

Bohémienne des Vosges.
Aquarelle de Mérimée, d'après Maréchal de Metz.
Bibliothèque de Strasbourg.

mériter. M. Borrow cite comme preuve de leur vertu un trait qui fait honneur à la sienne, surtout à sa naïveté. Un homme
55 immoral de sa connaissance offrit, dit-il, inutilement plusieurs onces à une jolie Gitana. Un Andalou, à qui je racontai cette anecdote, prétendit que cet homme immoral aurait eu plus de succès en montrant deux ou trois piastres, et qu'offrir des onces d'or à une Bohémienne était un aussi mauvais moyen
60 de persuader, que de promettre un million ou deux à une fille d'auberge. – Quoi qu'il en soit, il est certain que les Gitanas montrent à leurs maris un dévouement extraordinaire. Il n'y a pas de danger ni de misères qu'elles ne bravent pour les secourir en leurs nécessités. Un des noms que se donnent les
65 Bohémiens, *Romé* ou les « époux », me paraît attester le respect de la race pour l'état du mariage. En général on peut dire que leur principale vertu est le patriotisme, si l'on peut ainsi appeler la fidélité qu'ils observent dans leurs relations avec les individus de même origine qu'eux, leur empressement
70 à s'entr'aider, le secret inviolable qu'ils se gardent dans les affaires compromettantes. Au reste, dans toutes les associations mystérieuses et en dehors des lois, on observe quelque chose de semblable.

J'ai visité, il y a quelques mois, une horde[1] de Bohémiens
75 établis dans les Vosges. Dans la hutte d'une vieille femme, l'ancienne de sa tribu, il y avait un Bohémien étranger à sa famille, attaqué d'une maladie mortelle. Cet homme avait quitté un hôpital où il était bien soigné, pour aller mourir au milieu de ses compatriotes. Depuis treize semaines il était
80 alité[2] chez ses hôtes, et beaucoup mieux traité que les fils et les gendres qui vivaient dans la même maison. Il avait un bon lit de paille et de mousse avec des draps assez blancs, tandis que le reste de la famille, au nombre de onze personnes, couchait sur des planches longues de trois pieds. Voilà pour leur
85 hospitalité. La même femme, si humaine pour son hôte, me

1. **Horde :** groupe (d'hommes ou de bêtes) sauvage et indiscipliné.
2. **Alité :** couché dans un lit (à cause de sa maladie).

disait devant le malade : *Singo, singo, homte hi mulo.* Dans peu, dans peu, il faut qu'il meure. Après tout, la vie de ces gens est si misérable, que l'annonce de la mort n'a rien d'effrayant pour eux.

90 Un trait remarquable du caractère des Bohémiens, c'est leur indifférence en matière de religion ; non qu'ils soient esprits forts ou sceptiques. Jamais ils n'ont fait profession d'athéisme. Loin de là, la religion du pays qu'ils habitent est la leur ; mais ils en changent en changeant de patrie. Les 95 superstitions qui, chez les peuples grossiers, remplacent les sentiments religieux, leur sont également étrangères. Le moyen, en effet, que des superstitions existent chez des gens qui vivent le plus souvent de la crédulité des autres ? Cependant, j'ai remarqué chez les Bohémiens espagnols une horreur 100 singulière pour le contact d'un cadavre. Il y en a peu qui consentiraient pour de l'argent à porter un mort au cimetière.

J'ai dit que la plupart des Bohémiennes se mêlaient de dire la bonne aventure. Elles s'en acquittent fort bien. Mais ce qui est pour elles une source de grands profits, c'est la vente des 105 charmes[1] et des philtres amoureux. Non seulement elles tiennent[2] des pattes de crapauds pour fixer les cœurs volages[3], ou de la poudre de pierre d'aimant pour se faire aimer des insensibles[4] ; mais elles font au besoin des conjurations puissantes qui obligent le diable à leur prêter son 110 secours. L'année dernière, une Espagnole me racontait l'histoire suivante : elle passait un jour dans la rue d'Alcalà, fort triste et préoccupée ; une Bohémienne accroupie sur le trottoir lui cria : « Ma belle dame, votre amant vous a trahie. » C'était la vérité. « Voulez-vous que je vous le fasse revenir ? » 115 On comprend avec quelle joie la proposition fut acceptée, et

1. **Charmes :** petits objets, amulettes, substances aux vertus magiques.
2. **Tiennent :** ont (sont susceptibles de vendre).
3. **Volages :** inconstants, infidèles.
4. **Insensibles :** femmes indifférentes, qui ne partagent pas l'amour qu'elles ont fait naître.

quelle devait être la confiance inspirée par une personne qui devinait ainsi, d'un coup d'œil, les secrets intimes du cœur. Comme il eût été impossible de procéder à des opérations magiques dans la rue la plus fréquentée de Madrid, on
120 convint d'un rendez-vous pour le lendemain. « Rien de plus facile que de ramener l'infidèle à vos pieds, dit la Gitana. Auriez-vous un mouchoir, une écharpe, une mantille qu'il vous ait donnée ? » On lui remit un fichu de soie. « Maintenant cousez avec de la soie cramoisie une piastre
125 dans un coin du fichu. Dans un autre coin cousez une demi-piastre ; ici, une piécette ; là, une pièce de deux réaux. Puis il faut coudre au milieu une pièce d'or. Un doublon serait le mieux. » On coud le doublon et le reste. « À présent, donnez-moi le fichu, je vais le porter au Campo Santo[1], à minuit
130 sonnant. Venez avec moi, si vous voulez voir une belle diablerie. Je vous promets que dès demain vous reverrez celui que vous aimez. » La Bohémienne partit seule pour le Campo Santo, car on avait trop peur des diables pour l'accompagner. Je vous laisse à penser si la pauvre amante délaissée a revu
135 son fichu et son infidèle.

Malgré leur misère et l'espèce d'aversion qu'ils inspirent, les Bohémiens jouissent cependant d'une certaine considération parmi les gens peu éclairés, et ils en sont très vains[2]. Ils se sentent une race supérieure pour l'intelligence et méprisent
140 cordialement[3] le peuple qui leur donne l'hospitalité. – Les Gentils[4] sont si bêtes, me disait une Bohémienne des Vosges, qu'il n'y a aucun mérite à les attraper. L'autre jour, une paysanne m'appelle dans la rue, j'entre chez elle. Son poêle[5] fumait, et elle me demande un sort pour le faire aller. Moi,

1. **Campo Santo :** cimetière.
2. **Vains :** vaniteux, fiers.
3. **Cordialement :** de tout cœur.
4. **Gentils :** pour les juifs et les premiers chrétiens, nom qui sert à désigner les païens. Ici, il s'agit de ceux qui ne sont pas bohémiens.
5. **Poêle :** appareil de chauffage dans lequel on fait brûler du bois et plus tard du charbon ou du mazout.

145 je me fais d'abord donner un bon morceau de lard. Puis, je me mets à marmotter quelques mots en rommani. « Tu es bête, je disais, tu es née bête, bête tu mourras... » Quand je fus près de la porte, je lui dis en bon allemand : « Le moyen infaillible d'empêcher ton poêle de fumer, c'est de n'y pas
150 faire de feu. » Et je pris mes jambes à mon cou.

L'histoire des Bohémiens est encore un problème. On sait à la vérité que leurs premières bandes, fort peu nombreuses, se montrèrent dans l'est de l'Europe, vers le commencement du XVe siècle ; mais on ne peut dire ni d'où ils viennent, ni
155 pourquoi ils sont venus en Europe, et, ce qui est plus extraordinaire, on ignore comment ils se sont multipliés en peu de temps d'une façon si prodigieuse dans plusieurs contrées fort éloignées les unes des autres. Les Bohémiens eux-mêmes n'ont conservé aucune tradition sur leur origine, et si la plupart
160 d'entre eux parlent de l'Égypte comme de leur patrie primitive, c'est qu'ils ont adopté une fable[1] très anciennement répandue sur leur compte.

La plupart des orientalistes qui ont étudié la langue des Bohémiens croient qu'ils sont originaires de l'Inde. En effet,
165 il paraît qu'un grand nombre de racines et beaucoup de formes grammaticales du rommani se retrouvent dans des idiomes dérivés du sanscrit. On conçoit que, dans leurs longues pérégrinations, les Bohémiens ont adopté beaucoup de mots étrangers. Dans tous les dialectes[2] du rommani, on
170 trouve quantité de mots grecs. Par exemple : *cocal,* os, de χόχχαλον ; *pétalli,* fer de cheval, de πέταλον ; *cafi,* clou, de carφiv, etc. Aujourd'hui les Bohémiens ont presque autant de dialectes différents qu'il existe de hordes de leur race séparées les unes des autres. Partout ils parlent la langue du pays qu'ils
175 habitent plus facilement que leur propre idiome, dont ils ne font guère usage que pour pouvoir s'entretenir librement devant des étrangers. Si l'on compare le dialecte des Bohé-

1. **Fable :** récit de fiction.
2. **Dialectes :** langues régionales.

miens de l'Allemagne avec celui des Espagnols, sans communication avec les premiers depuis des siècles, on reconnaît une
180 très grande quantité de mots communs ; mais la langue originale partout, quoiqu'à différents degrés, s'est notablement altérée par le contact des langues plus cultivées, dont ces nomades ont été contraints de faire usage. L'allemand, d'un côté, l'espagnol, de l'autre, ont tellement modifié le fond du
185 rommani, qu'il serait impossible à un Bohémien de la Forêt-Noire de converser avec un de ses frères andalous, bien qu'il leur suffît d'échanger quelques phrases pour reconnaître qu'ils parlent tous les deux un dialecte dérivé du même idiome. Quelques mots d'un usage très fréquent sont
190 communs, je crois, à tous les dialectes ; ainsi, dans tous les vocabulaires que j'ai pu voir : *pani* veut dire de l'eau, *manro,* du pain, *mâs,* de la viande, *lon,* du sel.

Les noms de nombres sont partout à peu près les mêmes. Le dialecte allemand me semble beaucoup plus pur que le
195 dialecte espagnol ; car il a conservé nombre de formes grammaticales primitives, tandis que les Gitanos ont adopté celles du castillan. Pourtant quelques mots font exception pour attester l'ancienne communauté de langage. – Les prétérits[1] du dialecte allemand se forment en ajoutant *ium* à l'impératif
200 qui est toujours la racine du verbe. Les verbes, dans le rommani espagnol, se conjuguent tous sur le modèle des verbes castillans de la première conjugaison. De l'infinitif *jamar,* manger, on devrait régulièrement faire *jamé,* j'ai mangé, de *lillar,* prendre, on devrait faire *lillé,* j'ai pris. Cependant
205 quelques vieux Bohémiens disent par exception : *jayon, lillon.* Je ne connais pas d'autres verbes qui aient conservé cette forme antique[2].

Pendant que je fais ainsi étalage de mes minces connaissances dans la langue rommani, je dois noter quelques mots
210 d'argot français que nos voleurs ont emprunté aux Bohé-

1. **Prétérits :** temps du passé.
2. **Antique :** ancienne et qui n'est plus utilisée.

miens. *Les Mystères de Paris*[1] ont appris à la bonne compagnie que *chourin* voulait dire couteau. C'est du rommani pur ; *tchouri* est un de ces mots communs à tous les dialectes. M. Vidocq appelle un cheval « grès », c'est encore un mot
215 bohémien *gras, gre, graste, gris.* Ajoutez encore le mot « romanichel » qui dans l'argot parisien désigne les Bohémiens. C'est la corruption de *romané tchavé,* gars bohémiens. Mais une étymologie dont je suis fier, c'est celle de « frimousse », mine, visage, mot que tous les écoliers emploient
220 ou employaient de mon temps. Observez d'abord que Oudin, dans son curieux dictionnaire, écrivait en 1640, « firlimousse ». Or, *firla, fila* en rommani veut dire visage, *mui* a la même signification, c'est exactement *os* des Latins. La combinaison *firlamui* a été sur-le-champ comprise par un
225 Bohémien puriste[2], et je la crois conforme au génie de sa langue[3].

En voilà assez pour donner aux lecteurs de *Carmen* une idée avantageuse de mes études sur le rommani. Je terminerai par ce proverbe qui vient à propos : *En retudi panda nasti*
230 *abela macha.* En close bouche, n'entre point mouche.

P. Mérimée

1. *Les Mystères de Paris* : célèbre roman-feuilleton d'Eugène Sue (1804-1857).
2. **Puriste** : qui défend la pureté du langage.
3. **Génie de sa langue** : caractères distinctifs, éléments propres qui font l'originalité de la langue.

REPÈRES

• Mérimée a-t-il ménagé une transition entre la fin du chapitre III et le début du dernier chapitre ? Le début du chapitre final ressemble à l'ouverture de la nouvelle : pourquoi ?

OBSERVATION

• Quel est le temps le plus fréquemment utilisé ? Mérimée donne-t-il des exemples précis ou préfère-t-il évoquer des généralités ?
• Distinguez les différentes parties de ce chapitre en leur donnant un titre.
• Donnez des exemples de termes en italique. Quelles sont les langues utilisées ?
• Relevez des détails physiques qui apparaissaient déjà dans le portrait de Carmen, notamment dans la description de son visage et de son regard.
• Dégagez les qualités physiques et morales des bohémiens. Peut-on parler de physiognomonie ? Citez des termes péjoratifs.
• Deux épisodes illustrant le dévouement conjugal réapparaissent sous forme générale : lesquels ?
• Deux auteurs étrangers sont cités : retrouvez-les.
• Repérez des anecdotes ou des témoignages qui semblent vrais et font partie des « choses vues » et du vécu.
• Certains propos semblent moins sérieux : comment les remarque-t-on ?

INTERPRÉTATIONS

• Montrez que le propos est théorique et prend place dans un discours savant. En quoi la structure du chapitre témoigne-t-elle d'un souci d'érudition et d'une visée didactique ?
• Pourquoi Mérimée joue-t-il sur des distinctions typographiques ?
• Quel est le rapport entre ce chapitre théorique et les précédents ?
• Montrez que vérité et savoir découlent d'une démultiplication des points de vue.
• Étudiez la valeur et la fonction des anecdotes à l'intérieur du discours savant. Quelles sont les limites de ce discours dénoncé sous forme de pédantisme intempestif ?

Le chapitre IV semble remettre en cause l'unité de la nouvelle et ne se lit pas comme un prolongement de la fiction. Quelle est alors sa fonction par rapport au projet d'écriture de Mérimée ?

Dédramatiser et généraliser

L'absence de transition entre les chapitres III et IV contribue à mettre à distance la fin pathétique et sanglante, puisque l'on passe de la fiction à l'érudition, de la subjectivité souffrante à la froide objectivité d'un discours scientifique. Le sujet est le même, mais il est traité de manière générale, à travers l'abstraction de types humains. Les personnages sont décrits dans la pluralité de catégories bien distinctes (« Bohémiens », « certaines jeunes filles ») ; les phénomènes sont évoqués au présent à valeur gnomique (« Celles-là vont danser pour de l'argent »).

Même les anecdotes tristes (les derniers jours d'un moribond) rejettent toute émotion, grâce à la sobriété et à un art de la concision impassible : « La même femme, si humaine pour son hôte, me disait devant le malade : *Singo, singo, homte hi mulo ;* dans peu, dans peu, il faut qu'il meure. » Ces histoires ont un statut secondaire et une fonction d'illustration des propos théoriques.

La tentation encyclopédique

La structure du chapitre révèle le désir d'explorer l'univers des bohémiens de manière complète : la localisation en Espagne, les métiers, « les caractères physiques », la morale, la religion, leur histoire et, surtout dans les derniers paragraphes, la langue. Les théories s'appuient sur des anecdotes et sur les recherches d'autres savants (Borrow). La diversité des approches s'enrichit de la multiplication des perspectives : historiques, géographiques, comparatistes (entre l'Allemagne et l'Espagne) et linguistiques.

En fait deux types d'écriture entrent ici en concurrence : d'une part l'écriture romanesque, qui s'appuie sur l'imagination, inspirée par les récits de voyage et les romans d'aventures aux personnages picaresques ; d'autre part, les textes érudits, fruits de nombreuses lectures et de recherches approfondies. Dans la fiction, Mérimée mêle les deux en mettant en scène un double de lui-même sous les traits d'un narrateur, archéologue, ethnologue, mais aussi voyageur en quête d'aventures et galant homme à l'occasion. Dans *La Vénus d'Ille*, cette figure du narrateur savant apparaît également, mais dans un contexte fantastique mêlant encore une fois passion archéologique et aventure sentimentale.

L'effet de boucle

Alors que la nouvelle aurait pu se clore sur les propos pathétiques de don José (« Pauvre enfant ! Ce sont les *Calés* qui sont coupables pour l'avoir élevée ainsi »), le retour au présent et au récit-cadre crée un effet de boucle. Tout se passe comme si au dédoublement de la narration correspondait un dédoublement de la conclusion. Le poids de l'érudition représentée par les livres (la bibliothèque du duc d'Osuna, le manuscrit des dominicains, les *Commentaires* de César, le mémoire que le narrateur a l'intention de publier) réapparaît à la fin, comme si le lecteur lisait directement dans une encyclopédie ces savantes considérations.

On retrouve même l'ironie et l'autodérision du début (chap. I : « En attendant que ma dissertation résolve enfin le problème géographique qui tient l'Europe savante en suspens ») dans les dernières lignes du texte, comme si Mérimée craignait de lasser son lecteur (chap. IV) : « Pendant que je fais ainsi étalage de mes minces connaissances dans la langue rommani [...] Je terminerai par ce proverbe qui vient à propos : *En retudi panda nasti abela macha.* En close bouche, n'entre point mouche ».

Notes de Mérimée

Chapitre premier

Ligne 96. ***Il ne prononçait pas l's à la manière andalouse :*** les Andalous aspirent l's, et le confondent dans la prononciation avec le **c** doux et le **z**, que les Espagnols prononcent comme le **th** anglais. Sur le seul mot *señor*, on peut reconnaître un Andalou.

Ligne 236. ***Provinces : les provinces privilégiées*** jouissant de *fueros* particuliers, c'est-à-dire l'Álava, la Biscaye, le Guipúzcoa, et une partie de la Navarre. Le basque est la langue du pays. [N.D.L.R. : *fuero* signifie « droit ».]

Chapitre II

Ligne 56. ***Neveria :*** café pourvu d'une glacière, ou plutôt d'un dépôt de neige. En Espagne, il n'y a guère de village qui n'ait sa *neveria.*

Ligne 61. ***Anglais sans doute :*** en Espagne, tout voyageur qui ne porte pas avec lui des échantillons de calicot ou de soieries passe pour un Anglais, *Inglesito*. Il en est de même en Orient. À Chalcis, j'ai eu l'honneur d'être annoncé comme un Μιλόρδος φραντσεῖσος [littéralement, « Milord français »... mais, en grec moderne, « français » se dit γαλλικος. Mérimée s'est amusé à transcrire en caractères grecs un mot anglais et un mot français vaguement hellénisés. N.D.L.R.].

Ligne 79. ***La baji :*** la bonne aventure.

Ligne 242. ***C'est un hidalgo que votre voleur ; il sera donc garrotté :*** en 1830, la noblesse jouissait encore de ce privilège. Aujourd'hui, sous le régime constitutionnel, les vilains ont conquis le droit au *garrote*.

Chapitre III

Ligne 11. ***Maquilas :*** bâtons ferrés des Basques.

Ligne 30. ***Vingt-Quatre :*** magistrat chargé de la police et de l'administration municipale.

Ligne 39. ***Sans jupes bleues et sans nattes tombant sur les épaules :*** costume ordinaire des paysannes de la Navarre et des provinces basques.

Ligne 111. ***Peindre un damier : pintar un javeque***, peindre un chebec [voilier léger]. Les chebecs espagnols ont, pour la plupart, leur bande peinte de carreaux rouges et blancs.

Ligne 153. ***Baï jaona :*** oui monsieur.

Ligne 173. ***Barratcea :*** enclos, jardin.

Ligne 178. ***Jaques :*** braves, fanfarons.

Ligne 205. ***Lance :*** toute la cavalerie espagnole est armée de lances.

Ligne 246. ***Un pain d'Alcalá :*** Alcalá de los Panaderos, bourg à deux lieues de Séville, où l'on fait des petits pains délicieux. On prétend que c'est à l'eau d'Alcalá qu'ils doivent leur qualité et l'on en apporte tous les jours une grande quantité à Séville.

Ligne 303. ***Agur laguna :*** bonjour, camarade.

Ligne 307. ***Toute la société était dans le patio :*** la plupart des maisons de Séville ont une cour intérieure entourée de portiques. On s'y tient en été. Cette cour est couverte d'une toile qu'on arrose pendant le jour et qu'on retire le soir. La porte est presque toujours ouverte, et le passage qui conduit à la cour *(zaguán)* est fermé par une grille en fer très élégamment ouvragée.

Ligne 333. ***Demain il fera jour : mañana será otro día.*** Proverbe espagnol. [Littéralement : demain sera un autre jour. N.D.L.R.].

Ligne 343. ***Chien qui chemine ne meurt pas de famine :*** *chuquel sos pirela, cocal terela.* Chien qui marche, os trouve. Proverbe bohémien.

Ligne 356. ***Yemas :*** jaunes d'œufs sucrés.

Ligne 356. ***Turon :*** espèce de nougat.

Ligne 359. ***Où il y a une tête du roi don Pedro le Justicier :*** le roi don Pèdre, que nous nommons « le Cruel », et que la reine Isabelle la Catholique n'appelait jamais que « le Justicier », aimait à se promener le soir dans les rues de Séville, cherchant les aventures, comme le calife Haroun al-Raschid. Certaine nuit, il se prit de querelle, dans une rue écartée, avec un homme qui donnait une sérénade. On se battit, et le roi tua le cavalier amoureux. Au bruit des épées, une vieille femme mit la tête à la fenêtre, et éclaira la scène avec la petite lampe, *candilejo,* qu'elle tenait à la main. Il faut savoir que le roi don Pèdre, d'ailleurs leste et vigoureux, avait un défaut de formation singulier. Quand il marchait, ses rotules craquaient fortement. La vieille, à ce craquement, n'eut pas de peine à le reconnaître. Le lendemain, le Vingt-Quatre en charge vint faire son rapport au roi : « Sire, on s'est battu en duel, cette nuit, dans telle rue. Un des combattants est mort. – Avez-vous découvert le meurtrier ? – Oui, Sire. – Pourquoi n'est-il pas déjà puni ? – Sire, j'attends vos ordres. – Exécutez la loi. » Or, le roi venait de publier un décret portant que tout duelliste serait décapité,

et que sa tête demeurerait exposée sur le lieu du combat. Le Vingt-Quatre se tira d'affaire en homme d'esprit. Il fit scier la tête d'une statue du roi, et l'exposa dans une niche au milieu de la rue, théâtre du meurtre. Le roi et tous les Sévillans le trouvèrent fort bon. La rue prit le nom de la lampe de la vieille, seul témoin de l'aventure. – Voilà la tradition populaire, Zúñiga raconte l'histoire un peu différemment (voir *Anales de Sevilla,* t. II). Quoi qu'il en soit il existe encore à Séville une rue du Candilejo, et dans cette rue un buste de pierre, qu'on dit être le portrait de don Pèdre. Malheureusement, ce buste est moderne. L'ancien était fort usé au XVIIe siècle, et la municipalité d'alors le fit remplacer par celui qu'on voit aujourd'hui.

Ligne 370. ***Tu es mon rom, je suis ta romi :*** *rom,* mari ; *romi,* femme.

Ligne 375. ***Calés :*** *calo ;* féminin, *calli ;* pluriel, *calés ;* mot à mot : « noir », nom que les bohémiens se donnent dans leur langue.

Ligne 396. ***Tu es un vrai canari d'habit et de caractère :*** les dragons espagnols sont habillés de jaune.

Ligne 413. ***Je suis habillée de laine, mais je ne suis pas mouton :*** *me dicas vriardâ de jorpoy, bus ne sino braco.* Proverbe bohémien.

Ligne 415. ***Majari :*** la sainte. La Sainte Vierge.

Ligne 417. ***Une veuve à jambe de bois :*** la potence, qui est veuve du dernier pendu.

Ligne 426. ***Laloro :*** la (terre) rouge.

Ligne 531. ***Flamande de Rome :*** *Flamenca de Roma.* Terme d'argot qui désigne les bohémiennes ; *Roma* ne veut pas dire ici la Ville éternelle, mais la nation des Romi ou des « gens mariés », nom que se donnent les bohémiens. Les premiers qu'on vit en Espagne venaient probablement des Pays-Bas, d'où est venu leur nom de « Flamands ».

Ligne 541. *Chufas :* racine bulbeuse dont on fait une boisson assez agréable.

Ligne 559. ***Ni riz ni merluche :*** nourriture ordinaire du soldat espagnol.

Ligne 561. ***Voler a pastesas : ustilar a pastesas,*** voler avec adresse, dérober sans violence.

Ligne 565. ***Miñons :*** espèce de corps franc.

Ligne 607. ***Gale avec plaisir ne démange pas :*** *sarapia sat pesquital ne punzava.*

Ligne 716. ***Les lillipendi qui me prennent pour une erañi :*** **les imbéciles qui me prennent pour une femme comme il faut.**

Ligne 761. ***Écrevisses :*** nom que le peuple, en Espagne, donne aux Anglais à cause de la couleur de leur uniforme.

Ligne 778. ***À finibus terrae :*** aux galères, ou bien à tous les diables. [Littéralement : *à « aux fins de la terre ». La présence de la préposition « à » est une grave faute de grammaire ! N.D.L.R.]

Ligne 832. ***Minchorrô :*** mon amant, ou plutôt mon caprice.

Ligne 902. ***Franc Navarrais :*** *Navarro fino.*

Ligne 905. ***Le nain qui se croit grand quand il a pu cracher loin :*** *or esorjlé de or narsichislé, sin chismar lachinguel.* Proverbe bohémien. La promesse d'un nain, c'est de cracher loin.

Ligne 1051. ***Rivière qui fait du bruit a de l'eau ou des cailloux :*** *len sos sonsi abela Pani o reblendani terela.* Proverbe bohémien.

Ligne 1090. ***Cocarde :*** *la divisa,* nœud de rubans dont la couleur indique les pâturages d'où viennent les taureaux. Ce nœud est fixé dans la peau du taureau au moyen d'un

crochet, et c'est le comble de la galanterie que de l'arracher à l'animal vivant pour l'offrir à une femme.

Ligne 1168. ***Marie Padilla :*** on a accusé Marie Padilla d'avoir ensorcelé le roi don Pèdre. Une tradition populaire rapporte qu'elle avait fait présent à la reine Blanche de Bourbon d'une ceinture d'or, qui parut aux yeux fascinés du roi comme un serpent vivant. De là la répugnance qu'il montra toujours pour la malheureuse princesse.

Chapitre IV

Ligne 21. ***Calés :*** il m'a semblé que les Bohémiens allemands, bien qu'ils comprennent parfaitement le mot *Calé,* n'aiment point à être appelés de la sorte. Ils s'appellent entre eux *romané tchavé.*

ACTION
ET PERSONNAGES

L'action

Structure

La nouvelle se divise en quatre chapitres de longueurs inégales : chap. I ([illegible] pages), chap. II ([illegible] pages), chap. III (4[illegible] pages), chap. IV ([illegible] pages).

Chap. I : le narrateur, archéologue et ethnologue, veut enquêter sur le terrain avant de publier un mémoire sur le champ de [illegible] [illegible] la région de [illegible] [illegible] [illegible] [illegible] partage

Comment lire l'œuvre

des cigares, du jambon et un mauvais [illegible] Le narrateur la suivi des [illegible] qu'un guide avide [illegible] est allé avertir de [illegible] arrivée.

Chap. II : le narrateur séjourne à Cordoue pour étudier un manuscrit dans un couvent de dominicains. Il rencontre en [illegible] une séduisante gitane (Carmen), qu'il invite galamment dans un café puis qu'il suit chez elle pour se faire dire la bonne aventure. [illegible] est interrompu par l'arrivée [illegible] d'un homme [illegible] qui n'est autre que [illegible] du chapitre précédent : il laisse le narrateur [illegible] les [illegible] de la gitane, qui parvient cependant à lui dérober sa belle montre. Le narrateur, de retour chez les dominicains, retrouve sa montre et le bandit, arrêté pour [illegible] [illegible] Avant d'être exécuté, ce dernier lui raconte son histoire.

Chap. III : jeune noble basque [illegible] don José s'est engagé dans la cavalerie. De garde à la manufacture de tabac de Séville, il rencontre Carmen, cigarière et gitane provocante. Chargé de l'arrêter après une sanglante [illegible] il la laisse s'échapper et se retrouve en prison pour cette faute. Elle le récompense par la suite et le suit après [illegible] d'un officier qui lui faisait la cour. Don José [illegible] [illegible]

ACTION ET PERSONNAGES

L'action

Structure

La nouvelle se divise en quatre chapitres de longueurs inégales : chap. I (13 pages), chap. II (10 pages), chap. III (41 pages), chap. IV (8 pages).

Chap. I : le narrateur, archéologue et ethnologue venu enquêter sur le terrain avant de publier un mémoire sur le champ de Munda, rencontre dans la région de Cordoue un fameux bandit qui voyage incognito, avec lequel il partage des cigares, du jambon et un mauvais gîte. Le narrateur le sauve des lanciers, qu'un guide avide et lâche est allé avertir de leur arrivée.

Chap. II : le narrateur séjourne à Cordoue pour étudier un manuscrit dans un couvent de dominicains. Il rencontre en ville une séduisante gitane (Carmen), qu'il invite galamment dans un café puis qu'il suit chez elle pour se faire dire la bonne aventure. Leur entretien est interrompu par l'arrivée inopinée d'un homme furieux qui n'est autre que le bandit du chapitre précédent ; il laisse le narrateur partir malgré les ordres criminels de la gitane, qui parvient cependant à lui dérober sa belle montre. Le narrateur, de retour chez les dominicains, retrouve sa montre et le bandit, arrêté pour différents meurtres. Avant d'être exécuté, ce dernier lui raconte son histoire.

Chap. III : jeune noble basque plein d'avenir, don José s'est engagé dans la cavalerie. De garde à la manufacture de tabac de Séville, il rencontre Carmen, cigarière et gitane provocante. Chargé de l'arrêter après une sanglante rixe, il la laisse s'échapper et se retrouve en prison pour cette faute. Elle le récompense par la suite et le sauve après le meurtre d'un officier qui lui faisait la cour. Don José partage désormais l'existence mouvementée des contrebandiers, tue le mari de Carmen, l'aide à tromper et à dépouiller un riche Anglais, mais supporte de plus en plus difficilement ses infidélités. Jaloux d'un picador, il propose à Carmen de partir en Amérique, mais elle refuse en déclarant ne plus l'aimer. Il la poignarde puis l'ensevelit avant de se dénoncer.

Chap. IV : il s'agit d'une savante dissertation sur les bohémiens, leur physique, leurs mœurs, leur histoire et leur langue, mêlant érudition, théories et anecdotes.

Quand on étudie les systèmes narratifs et le traitement du temps (durée, rythmes du récit), on est frappé par la discontinuité de l'ensemble. En effet, au début de la nouvelle, la narration semble suivre le rythme du voyage, ses étapes et ses rencontres, dans un ordre chronologique, (chap. I : rencontre avec don José, chap. II : rencontre avec Carmen). Mais à la fin du chapitre II et au début du chapitre III, s'opèrent une transition et un relais de parole : « C'est de sa bouche que j'ai appris les tristes aventures qu'on va lire », « Je suis né, dit-il à Élizondo, dans la vallée de Baztan ». L'emboîtement des récits (le récit de don José est inclus dans le récit-cadre du narrateur), procédé qu'on retrouve dans *Manon Lescaut* ou dans *Paul et Virginie* par exemple, donne une impression d'enfermement narratif et de répétition, renforcée par la vaste analepse que constitue le chapitre III. La narration se dédouble : le narrateur 1 (narrateur-témoin et conteur, archéologue et ethnologue français en voyage) est relayé par le narrateur 2 (narrateur-acteur qui se confesse avant de mourir, noble basque devenu bandit et meurtrier par amour). À ce dédoublement s'ajoute le rapport entre savoir théorique (chap. IV) et anecdote, avec l'histoire de Carmen qui illustre rétrospectivement le propos final.

Le décalage entre la fin tragique des aventures de don José et de Carmen et la froideur objective et savante des théories exposées dans le dernier chapitre permet à Mérimée de ne pas céder à la facilité des effets pathétiques. La dernière mise en abyme inclut le lecteur dans le texte : « En voilà assez pour donner aux lecteurs de *Carmen* une idée avantageuse de mes études sur le rommani ». Le dernier chapitre se lit alors comme une digression savante, voire intempestive et pédante, comme un appendice qui reprend le ton didactique de l'ouverture de la nouvelle, ce qui n'exclut pas une distanciation ironique et un discours d'autodérision, comme le montre la pirouette finale : « En attendant que ma dissertation résolve enfin le problème géographique qui tient l'Europe savante en suspens, je veux vous raconter une petite histoire », « Je terminerai par ce proverbe qui vient à propos : *En retudi panda nasti abela macha.* En close bouche, n'entre point mouche ».

• Pourquoi l'unité de la nouvelle est-elle problématique (points de vue, sujets, temps, personnages) ?
• Analysez et commentez la réflexion suivante de Jean Decottignies (préface de l'édition Garnier-Flammarion, 1973) : « *Carmen* histoire morale, *Carmen* roman de la passion : il est manifeste que ces deux structures se croisent et se compénètrent et dans une certaine mesure se pervertissent ».

Les personnages

Schéma actantiel

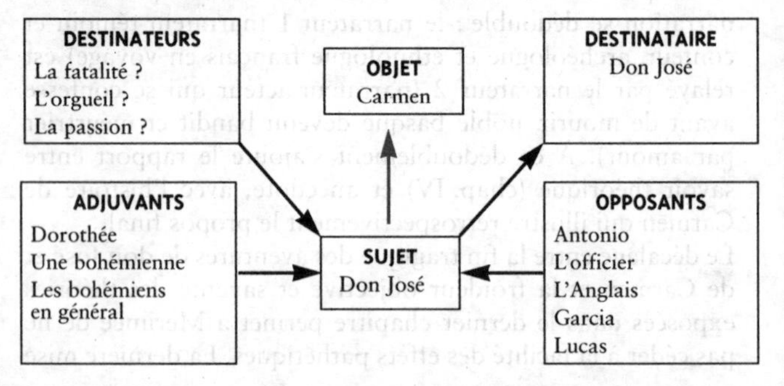

Le narrateur semble en-dehors du système de haine et de désir, bien qu'il soit lui aussi séduit par Carmen (chapitre II). Le **sujet,** qui est aussi le **destinataire** (celui qui reçoit), est bien défini (don José, acteur principal, héros amoureux et déchu) ainsi que l'**objet** du désir (Carmen, conquise et possédée de manière relative) ; les **adjuvants** qui aident le couple (Dorothée qui les reçoit dans sa maison, une autre bohémienne qui soigne don José blessé, et en général les autres bohémiens de la troupe) et les **opposants** qui sont les ennemis (le guide Antonio) ou les rivaux de don José (l'officier tué, l'Anglais, le mari de Carmen surnommé Garcia le Borgne, le picador Lucas). En revanche le destinateur, c'est-à-dire celui qui donne et domine la situation n'est pas vraiment repérable : s'agit-il de la fatalité, de l'orgueil, de la passion ? En tout cas, il n'est pas incarné par un personnage précis.
La sympathie de Mérimée va au peuple plus qu'aux représentants de l'ordre et de la bonne société (lettre à Albert Stapfer du 4 septembre 1830) : « La canaille est ici intelligente, spirituelle, remplie d'imagination et les classes élevées me paraissent au-dessous des habitués d'estaminet et de roulette de Paris ». Selon Pierre Trahard, Mérimée « stylise » ses personnages « en les ramenant à une exceptionnelle unité », les « cristallise » dans un court moment de [leur] existence. [...] En quelques touches le type est accusé, l'impression morale traduite par des réactions physiques, le combat intérieur par une parole ou un geste ». À côté de ces types humains, les personnages principaux sont plus nuancés et complexes.

Les personnages principaux

Carmen

> « Carmen sera toujours libre. *Calli* elle est née, *calli* elle mourra. »
> Carmen, chap. III, l. 1196.

> « S'il y a des sorcières, cette fille-là en était une ! »
> Don José, chap. III, l. 245.

« C'est une jeune fille sans foi ni loi, qui ne recule devant aucun crime ; [...] elle meurt avec tant de noblesse et de résignation que nous devinons dans la bohémienne cruelle et perfide un cœur généreux, capable des plus grandes actions, des plus héroïques dévouements, mais entraîné dans l'abîme de l'abjection par la misère et la contagion de l'exemple. »

Gustave Planche, *La Revue des Deux Mondes*, 15 septembre 1854.

« Comme j'étudie les bohémiens depuis quelque temps avec beaucoup de soin, j'ai fait mon héroïne bohémienne », écrit Mérimée dans une lettre à Mme de Montijo datée du 16 mai 1845. Il a pu s'inspirer d'un personnage décrit dans sa quatrième *Lettre d'Espagne* : « Je bus l'eau qu'on me présentait, je mangeai du gaspacho préparé par les mains de Mlle Carmencita et même je fis son portrait sur mon livre de croquis. [...] elle brûle les oliviers, elle fait mourir les mules, et bien d'autres méchancetés ». Ce personnage éponyme haut en couleur apparaît dans les chapitres II et III, à travers les récits de deux narrateurs amoureux et trompés par cette créature protéiforme et envoûtante. Les portraits physique et moral la présentent comme un nouvel avatar de la femme fatale, comme une version bohémienne de l'Ève pécheresse et tentatrice. Le champ lexical du diable « féminisé » (« cette diable de fille-là ») est très riche. L'âge et le nom restent flous : le narrateur la trouve « jeune », l'appelle Mlle Carmen (elle utilise le diminutif : « Avez-vous entendu parler de la Carmencita ? ») ou la *gitana ;* les bourgeois disent : « Voilà la gitanilla... », diminutif repris par don José quand il retrouve Carmen.

Au début des chapitres II et III, les scènes de premières rencontres se ressemblent étrangement : le narrateur jette son cigare puis en offre un à Carmen (chap. II) ; Carmen sort de la manufacture de tabac quand don José l'aperçoit pour la première fois. Dans les deux scènes, elle porte un bouquet de fleurs, se découvre d'un geste coquet et prend l'initiative ; la séduction passe par le regard et la parole :

« Un soir [...] une femme [...] vint s'asseoir près de moi. Elle avait dans les cheveux un gros bouquet de jasmin, dont les pétales exhalent le soir une odeur enivrante. [...] En arrivant auprès de moi, ma baigneuse laissa glisser sur ses épaules la mantille qui lui couvrait la tête. [...] je vis [...] qu'elle avait de très grands yeux. Elle [...] se hâta de me dire qu'elle aimait beaucoup l'odeur du tabac [...] »

Le narrateur, chap. II, l. 35.

« Je vis cette Carmen [...] Elle écartait sa mantille afin de montrer ses épaules et un gros bouquet de cassie qui sortait de sa chemise. [...] elle [...] s'arrêta devant moi et m'adressa la parole. »

Don José, chap. III, l. 46.

Le portrait physique est détaillé : « je vis qu'elle était petite, jeune, bien faite, et qu'elle avait de très grands yeux » ; d'ailleurs, le narrateur insiste sur cette particularité liée au *topos* du coup de foudre. On rapprochera la description de Carmen, femme de chair et celle que l'on trouve dans *La Vénus d'Ille*, la terrible femme de bronze :

[Vénus d'Ille] : Quant à la figure, jamais je ne parviendrai à exprimer son caractère étrange [...] les yeux un peu obliques, la bouche relevée des coins, les narines quelque peu gonflées.

[Carmen] : Sa peau, d'ailleurs parfaitement unie, approchait fort de la teinte du cuivre. Ses yeux étaient obliques, mais admirablement fendus ; ses lèvres un peu fortes [...] Ses cheveux, peut-être un peu gros, étaient noirs, à reflets bleus comme l'aile d'un corbeau, longs et luisants. [...] C'était une beauté étrange et sauvage [...] Ses yeux surtout avaient une expression à la fois voluptueuse et farouche que je n'ai trouvée depuis à aucun regard humain.

Le narrateur, chap. II, l. 110.

Les parures et les vêtements ainsi que tous les accessoires de la coquetterie et d'une féminité extravagante sont longuement évoqués par don José, alors que le narrateur est frappé au contraire par la sobriété du costume de Carmen

(« Elle était simplement, peut-être pauvrement vêtue, tout en noir, comme la plupart des grisettes dans la soirée »). Le contraste des couleurs et des apparences accentue l'aspect changeant et trompeur du personnage (« elle serrait les dents et roulait des yeux comme un caméléon »), qui donne toujours l'impression d'être déguisé (« C'était Carmen mais si bien déguisée, que je ne l'aurais pas reconnue parlant une autre langue ») et de jouer un rôle (« Je ne sais pas si dans sa vie cette fille-là a jamais dit un mot de vérité ») :

« Elle avait un jupon rouge fort court qui laissait voir des bas de soie blancs avec plus d'un trou, et des souliers mignons de maroquin rouge attachés avec des rubans couleur de feu. Elle écartait sa mantille [...] Elle avait encore une fleur de cassie dans le coin de la bouche [...]. »
« Elle était parée, cette fois, comme une châsse, pomponnée, attifée, tout or et tout rubans. Une robe à paillettes, des souliers bleus à paillettes aussi, des fleurs et des galons partout. Elle avait un tambour de basque à la main. »

Don José, chap. III, l. 48, l. 290.

Carmen oscille entre action et passivité : objet du désir, contemplée, convoitée, livrée aux uns et aux autres (mari bohémien, officier, Anglais, riche négociant), elle prend cependant des initiatives quand elle jette son dévolu sur l'un de ses amants (don José parce qu'il est indifférent, Lucas qu'elle suit à Cordoue) ou quand elle résiste à don José (« Non ! non ! non ! »). Sa valeur suprême reste la liberté : « Je ne veux pas être tourmentée ni surtout commandée. Ce que je veux, c'est être libre et faire ce qui me plaît. » Elle n'a donc pas le statut traditionnel de la femme passive et soumise, et dans la mort, elle triomphe encore de celui qui voulait l'asservir : « J'aurais voulu qu'elle eût peur et me demandât grâce, mais cette femme était un démon. »

Don José

« La vie de contrebandier me plaisait mieux que la vie de soldat ; je faisais des cadeaux à Carmen. J'avais de l'argent et une maîtresse. »
Don José, chap. III, l. 604.

« [...] tu es donc un nègre, pour te laisser mener à la baguette ? Tu es un vrai canari d'habit et de caractère. Va, tu as un cœur de poulet. »
« [...] je l'ai tout de suite reconnu pour un Basque ; vous allez entendre quelle drôle de langue. Comme il a l'air bête, n'est-ce pas ? On dirait un chat surpris dans un garde-manger. »
Carmen, chap. III, l. 395, l. 812.

« [...] don José, après avoir tué sa maîtresse, l'ensevelit dans la gorge de la montagne presque aussi pieusement que Des Grieux ensevelit la sienne dans le sable du désert. »
Sainte-Beuve, *Le Moniteur universel*, 7 février 1853.

Il est présenté comme un bandit d'honneur et son statut de héros est problématique. Non seulement son parcours est une lente déchéance et un échec (dans sa carrière militaire et dans sa vie sentimentale), et aboutit à une fin tragique (la mort), mais il n'est même pas le personnage principal de la nouvelle, du moins le personnage éponyme. Cet anti-héros évolue dans l'ombre d'une héroïne qui triomphe de lui, même dans la mort. Son identité reste longtemps mystérieuse et dépend de l'image que les autres ont de lui. La vieille femme de la venta le reconnaît (« Ah ! seigneur don José ! ») et Antonio, le guide du narrateur le démasque (chap. I : « C'est José Navarro, le plus insigne bandit d'Andalousie ») ainsi que le père dominicain : « On le connaît dans le pays sous le nom de José Navarro, mais il a encore un autre nom basque, que ni vous ni moi ne prononcerons jamais. » Il le traite aussi de « coquin » puis précise cependant : « C'est un hidalgo que votre voleur ; il sera donc garrotté après-demain sans rémission. » C'est le principal intéressé qui révèle sa véritable identité d'aristocrate déchu en dévoilant son nom, sa nationalité, sa religion et ses origines nobles dans l'analepse qui constitue l'ouverture du chapitre III :

« Je suis né, dit-il à Élizondo, dans la vallée de Baztan. Je m'appelle don José Lizzarrabengoa [...] je suis Basque et vieux chrétien. Si je prends le *don*, c'est que j'en ai le droit [...]. »

Souvent passif, il est entraîné par sa passion et par la volonté de Carmen, qui prend les décisions les plus graves en lui donnant des ordres (« Commence à mettre ce mouchoir sur ta tête, et jette-moi ce ceinturon. Attends-moi dans cette allée »), et lui porte malheur. Il ne raisonne pas (« Monsieur, on devient coquin sans y penser »), mais suit ses pulsions meurtrières et ses instincts jaloux : « L'idée me vint trois ou quatre fois d'entrer dans le patio, et de donner de mon sabre dans le ventre à tous ces freluquets qui lui contaient fleurette. »
Don José, présent dans les trois premiers chapitres, est décrit physiquement à travers le regard du narrateur :

« Un homme, enveloppé jusqu'aux yeux dans un manteau brun. »
Chap. II, l. 156.

« C'était un jeune gaillard, de taille moyenne, mais d'apparence robuste, au regard sombre et fier. Son teint, qui avait pu être beau, était devenu, par l'action du soleil, plus foncé que ses cheveux. »
« Cheveux blonds, yeux bleus, grande bouche, belles dents, les mains petites ; une chemise fine, une veste de velours à boutons d'argent, des guêtres de peau blanche, un cheval bai… »
Chap. I, l. 55, l. 184.

Puis dans le récit rétrospectif de sa vie, nous découvrons un autoportrait moral du personnage (début du chap. III) dont certains traits réapparaîtront par la suite, par exemple, le goût pour le plaisir (« J'aimais trop à jouer à la paume »), l'absence de réflexion (« je ne sais ce qui me prit [...]

Première sottise ! »). Malgré son éducation (« On voulait que je fusse d'Église »), il est superstitieux (« C'était un vendredi et je ne l'oublierai jamais »). Sa passivité se traduit par une inversion des rôles : c'est lui qui est séduit puis enlevé et entraîné par le personnage féminin. Carmen agit et pense à sa place : « Ce fut de cette façon engageante que cette diable de fille me montra la nouvelle carrière qu'elle me destinait. » Don José est cependant un homme d'action, qui affronte sans cesse la mort et manie les armes les plus dangereuses : « nous prîmes nos *maquilas* », « Il tira son épée, et je dégainai », « le couteau entra si avant, que ma main était sous le menton », « Je tirai mon couteau. [...] Je la frappai deux fois. »

Le narrateur

« Un mémoire que je publierai prochainement ne laissera plus, je l'espère, aucune incertitude dans l'esprit de tous les archéologues de bonne foi. En attendant que ma dissertation résolve enfin le problème géographique qui tient toute l'Europe savante en suspens, je veux vous raconter une petite histoire [...]. »

Le narrateur, chap. I, l. 13.

« Loué soit le nom de Dieu ! Soyez le bienvenu, mon cher ami. Nous vous croyions tous mort, et moi, qui vous parle, j'ai récité bien des *pater* et des *ave*, que je ne regrette pas, pour le salut de votre âme. »

Un des pères dominicains, chap. II, l. 219.

« Outre que l'intérêt d'une enquête qui « tient toute l'Europe savante en suspens » amenuise singulièrement l'importance de cette « petite histoire », la qualité d'homme de science – ethnologue, en l'occurrence – autorisera l'alibi de la quatrième partie. »

Jean Decottignies,
préface de l'édition Garnier-Flammarion, 1973.

Le narrateur, voyageur érudit apparaît comme un double fictionnel de Mérimée, type de personnage qu'on rencontre dans *La Vénus d'Ille* (1837), dans *Lokis* (1869) ou sous les traits de

Joseph l'Estrange, traducteur et préfacier du *Théâtre de Clara Gazul* (1825). La voix et le regard, qui deviennent omniscients à la fin de la nouvelle grâce au récit de don José, sont ceux d'un personnage anonyme dont on ne sait rien : on ne trouve aucun portrait ou autoportrait physique et moral, aucune indication sur son âge. On apprend qu'il est Français (chap. II, l. 46, l. 63) : « Elle comprit cette attention d'une politesse toute française. [...] De quel pays êtes-vous, monsieur ? Anglais sans doute. – Français et votre grand serviteur. » C'est un voyageur infatigable et intrépide, et surtout un savant qui évoque ses confrères, « géographes » et « archéologues », ses « conjectures » et la publication d'un « mémoire ». Comme Mérimée, il mène son enquête sur le terrain et se plonge dans des lectures érudites (« l'excellente bibliothèque du duc Osuna », « On m'avait indiqué certain manuscrit de la bibliothèque des Dominicains, où je devais trouver des renseignements intéressants sur l'antique Munda »). Le narrateur joue plus le rôle d'un témoin, d'un rapporteur ou d'un confident (de don José avant son exécution) plutôt que celui d'un homme d'action. En fait, ses aventures romanesques n'aboutissent pas, puisque « le plus insigne bandit de l'Andalousie » n'est guère menaçant, et sa soirée avec Carmen est interrompue par l'arrivée de don José. Le narrateur, qui survit et peut ainsi raconter ce qui s'est passé, est un double du héros malheureux, qui « subit » des mésaventures plutôt qu'il ne vit des aventures. Finalement, il ne doit son salut qu'à un concours de circonstances et non à sa lucidité, puisque comme tant d'autres (don José, l'officier, l'Anglais, le riche négociant), il succombe au charme de la gitane.

Les personnages secondaires

Les personnages secondaires font de brèves apparitions sous la forme de personnages stéréotypés, ou en groupes, dans des scènes de foule (les baigneuses de Cordoue, les cigarières de Séville, les officiers qui font la fête, les contrebandiers). Peu de détails (physiques ou moraux) sont donnés, car ces personnages sont réduits à leurs fonctions dans cette comédie humaine restreinte et sont désignés par leur appartenance à un groupe (les dominicains, l'Anglais, « le Juif Ben-Joseph ») ou à une profession (« ouvrières », « geôlier »). C'est à peine s'ils sont nommés (le guide Antonio, Dorothée qui reçoit les deux amants), ou bien ils ont des surnoms (« le chef, surnommé le Dancaïre », « Garcia le Borgne », « un joli garçon d'Ecija, qui s'appelait le Remendado »).

On distingue les adjuvants, favorables à don José, et les opposants qui veulent lui nuire. L'opposition est plus nette entre les représentants de l'ordre et de la société répressive (Église, bourgeoisie, armée) et le peuple. Don José apparaît alors comme un déclassé, un marginal (Basque qui a la nostalgie du pays, considéré comme un « étranger », à l'instar des bohémiens en Espagne) qui n'a plus sa place dans le monde des hommes et qui est donc condamné à disparaître.

Les personnages secondaires sont tous ici à peu près uniquement des noms [...] Les contrebandiers sont peints d'une manière très extérieure, en quelques traits réalistes : le prosaïque Dancaïre ou le sinistre Garcia ; les autres personnages ne sont guère que des accidents extérieurs sur lesquels la fatalité fait buter José, que ce soit le jeune lieutenant, l'officier anglais, type conventionnel dépeint en quelques mots [...] ou Lucas le picador et sa veste brodée ; aussi aucun d'eux n'est vraiment décrit ni physiquement ni psychologiquement.

Houo Joei Yu, *Prosper Mérimée, romancier et nouvelliste,*
Bosc Frères, M. & L. Riou, Lyon, 1935.

Une histoire tragique

Nouvelle, roman et tragédie

Par sa sobriété, sa rapidité qui exclut digressions bavardes et outrances pathétiques, la nouvelle ressemble moins à un roman condensé qu'à une tragédie classique. L'impossibilité d'une fuite vers un ailleurs ou d'un salut dans le Nouveau Monde renforce l'impression d'enfermement et l'unité de lieu correspond aux frontières d'un pays : l'Espagne. Si l'action se concentre sur l'histoire d'une déchéance et d'une passion mortelles, l'unité de temps n'apparaît pas et l'étirement temporel rappelle les drames romantiques (*Hernani* ou *Ruy Blas* de Hugo par exemple).

La dimension cathartique est présente dans les mises en garde (réitérées sous forme de commentaires) de don José, qui se présente lui-même comme un modèle à ne pas suivre : « J'aurais été sage de ne plus penser à elle ». La libération passe par la mise à mort, la passion disparaissant avec son objet (Carmen) mais aussi avec le sujet (don José). La nouvelle se veut exemplaire et l'on songe à des modèles comme *L'Heptaméron* de Marguerite de Navarre ou *Manon Lescaut* (rapprochement signalé par Sainte-Beuve). Cependant dans son récit, don José n'insiste pas vraiment sur les deux ressorts du tragique, terreur et pitié, et il en vient à admirer les prouesses d'une vie aventureuse ainsi que la beauté et la grandeur dans le mal. Don José éprouve un sentiment d'horreur devant la barbarie de Garcia abattant froidement le Remendado, mais il reste indifférent quand il tue ses rivaux et surtout il n'a pas peur de la mort. De plus il n'a pas le temps de s'apitoyer sur le sort du blessé qu'on achève.

Triomphe des passions et de la fatalité

La passion la plus redoutable est moins le désir charnel que la jalousie maladive et dévorante qui pousse don José au crime à plusieurs reprises. Le souvenir du péché originel plane sur cette histoire où Carmen apparaît comme une créature diabolique, une sorcière et surtout une fille d'Ève, qui tente et séduit l'homme innocent et lui fait oublier son devoir (don José proteste faiblement : « Il faut que j'aille au quartier pour l'appel »), son pays et ses nobles origines. L'homme est un être déchu et impuissant : « J'étais si faible devant cette créature, que j'obéissais à tous ses caprices. » La société l'opprime (l'armée, les dominicains sans pitié). De plus, la chair l'emporte sur la raison d'autant plus que les superstitions sont nombreuses (allusions au vendredi, au prêtre, au lièvre qui traverse la route, « j'ai vu plus d'une fois dans du marc de café que nous devions finir ensemble »), d'où la résignation et le pessimisme de Carmen. Elle-même n'échappe pas à son destin à cause de son milieu et de son éducation : « Pauvre enfant ! Ce sont les *Calés* qui sont coupables pour l'avoir élevée ainsi. »

Correspondances

- L'abbé Prévost, *Histoire du chevalier des Grieux et de Manon Lescaut* (1731).
- Pouchkine, « Les Bohémiens », *Œuvres poétiques* (1827).
- Mérimée, *Une femme est un diable ou la Tentation de saint Antoine*, scène III, in *Théâtre de Clara Gazul* (1825).

1

« Pardonnez, si j'achève en peu de mots un récit qui me tue. Je vous raconte un malheur qui n'eut jamais d'exemple. Toute ma vie est destinée à le pleurer. Mais quoique je le porte sans cesse dans ma mémoire, mon âme semble reculer d'horreur, chaque fois que j'entreprends de l'exprimer. [...] ses soupirs fréquents, son silence à mes interrogations, le serrement de ses mains, dans lesquelles elle continuait de tenir les miennes me firent connaître que la fin de ses malheurs approchait. N'exigez point de moi que je vous décrive mes sentiments, ni que je vous rapporte ses dernières expressions. Je la perdis ; je reçus d'elle des marques d'amour, au moment même qu'elle expirait. C'est tout ce que j'ai la force de vous apprendre de ce fatal et déplorable événement. [...] Je demeurais plus de vingt-quatre heures la bouche attachée sur le visage et sur les mains de ma chère Manon. Mon dessein était d'y mourir ; mais je fis réflexion au moment du second jour, que son corps serait exposé, après mon trépas, à devenir la pâture des bêtes sauvages. [...] Je rompis mon épée, pour m'en servir à creuser, mais j'en tirais moins de secours que de mes mains. J'ouvris une large fosse. J'y plaçai l'idole de mon cœur, après avoir pris soin de l'envelopper de tous mes habits, pour empêcher le sable de la toucher. Je ne la mis dans cet état qu'après l'avoir embrassée mille fois, avec toute l'ardeur du plus parfait amour. Je m'assis encore près d'elle. Je la considérai longtemps. Je ne pouvais me résoudre à fermer la fosse. Enfin, mes forces recommençant à s'affaiblir, et craignant d'en manquer tout à fait avant la fin de mon entreprise, j'ensevelis pour toujours dans le sein de la terre ce qu'elle avait porté de plus parfait et de plus aimable. »

L'abbé Prévost,
Histoire du chevalier des Grieux et de Manon Lescaut.

2

« À peine brillent les étoiles,
De brume la lune se voile,
Mais sur la rosée, incertains,
Des pas ont marqué le chemin.
Il suit cette trace fatale,
Bientôt une pierre tombale
Devant lui paraît, et voici,
Que d'un pressentiment saisi,
En s'arrêtant Aleko tremble,
Et comme en un rêve, il lui semble
Voir un couple qui s'étreint
Au-dessus du tombeau voisin.

Première voix
Il est grand temps

Deuxième voix
Oh, reste encore.

Première voix
C'est tard…

Deuxième voix
Restons jusqu'à l'aurore.

Première voix
Non, non !

Deuxième voix
Timide est ton amour.
Un seul instant...

Première voix
Tu veux ma perte,
S'il s'éveillait avant le jour...

Aleko
Je suis éveillé ! Restez... Certes,
Sur ce tombeau vous êtes bien !

Zemphira
Ô mon ami, sauve ta tête !...

Aleko
Mais non, tiens, bel amant... Tiens, tiens !
(*Il lui perce le cœur.*)

Zemphira
Aleko ! Aleko, arrête !

Tsigane
Je meurs !

Zemphira
Regarde tout ce sang,
Hélas ! Qu'as-tu fait à présent ?

Aleko
Mais rien... Jouis de ton amant !

Zemphira
Cruel, tu ne me fais plus peur,

Ton crime affreux m'emplit d'horreur.

Aleko
Meurs donc !
(*Il la poignarde.*)

Zemphira
Je meurs, mais en aimant... »

Pouchkine, « Les Bohémiens », *Œuvres poétiques*,
t. I, L'Âge d'homme, 1981.

3

« **Antonio**, *avec délire.* — Mariquita, vois-tu, j'abjure mes vœux ; je ne suis plus prêtre, je veux être ton amant… ton mari, ton amant !... Nous allons nous sauver ensemble dans les déserts… nous mangerons ensemble des fruits sauvages comme les ermites…
Mariquita. — Bah ! il vaudrait mieux tâcher d'aller à Cadiz. Il y a toujours des vaisseaux pour l'Angleterre. C'est un bon pays. On dit que les prêtre y sont mariés. Il n'y pas d'inquisition. Le capitaine O'Trigger…
Antonio. — Cesse, mon épouse, ne parle plus de ces capitaines anglais... je n'aime pas à t'entendre parler d'eux.
Mariquita. — Déjà jaloux ? — Partons vite.
Antonio. — Tout à l'heure. Mais montre moi que tu m'aimes auparavant.
Mariquita. — Eh bien ! vite. — Vous êtes bien innocent !…
Antonio. — Innocent ! innocent ! moi le plus grand pécheur ! un réprouvé ! un damné ! un damné ! mais je t'aime, et je renonce au paradis pour contempler tes yeux.
Mariquita. — Partons, partons, et puis nous ferons l'amour ensuite comme deux tourtereaux. Tiens. (*Elle l'embrasse.*)
Antonio, *criant.* — Qu'est-ce que l'enfer quand on est heureux comme moi !
Rafael, *entrant et se signant.* — Vive Jésus ! que vois-je ?
Antonio. — Rafael !
Rafael. — Scélérat ! c'est donc ainsi que tu profanes la croix que tu portes ?
Antonio. — Seigneur Rafael, je ne suis plus prêtre, je suis l'époux de Mariquita… Bénissez notre mariage… mariez-nous. (*Il se met à genoux.*)

Rafael. — La malédiction de Dieu sur ta tête !
Antonio, *le prenant au collet.* — Marie-moi ou je te tue ! (*Ils luttent quelque temps. Antonio renverse Rafael ; celui-ci tire un poignard.*)
Mariquita. — Prends garde à toi, l'innocent !
Antonio, *lui arrache le poignard.* — Tiens, maudit ! (*Il le frappe.*)
Rafael. — Ha !... je suis mort ! et le diable m'attend !... Antonio, tu es plus fin... que moi... Qui l'eût dit !... Va, je te pardonne pour la ruse, et puis... parce que je ne puis pas... me venger... Adieu... je vais commander ma chaudière... En attendant... jouis de ton reste... Domingo... je l'ai enfermé... j'ai écarté les surveillants... mais tu m'as prévenu... Tu n'es pas si bête... que je l'avais...
Antonio, *atterré.* — Tu ne dis pas tes prières ?
Rafael, *riant.* — Mes prières !... ha, ha, ha !... m'y voilà. (*Il meurt.*)
Mariquita. — Je vais prendre sa robe, et nous passerons sans être reconnus.
Antonio. — En une heure, je suis devenu fornicateur, parjure, assassin.
Mariquita. — En voyant cette fin tragique, vous direz, je crois, avec nous qu'UNE FEMME EST UN DIABLE.
Antonio. — C'est ainsi que finit la première partie de la TENTATION DE SAINT ANTOINE. Excusez les fautes de l'auteur. »

Mérimée, *Une femme est un diable ou la Tentation de saint Antoine*, scène III.

Apprentissage et aventures

Un roman d'aventures abrégé

Les deux récits (le récit-cadre du narrateur et le récit enchâssé de don José) sont riches d'aventures, c'est-à-dire d'événements inopinés : déplacements, rencontres, périls et rebondissements multiples. Les deux personnages sont à la fois témoins, conteurs et acteurs de l'histoire, mais seul le premier narrateur survit pour prendre en charge les deux récits. L'aventure est ambivalente dans la mesure où toute médaille (tel est peut-être le symbole de celle que le condamné confie au narrateur pour qu'il la donne à sa vieille mère) a son revers : plaisirs et souffrances, surprises et déconvenues sont mêlés.

Carmen, un peu sorcière et superstitieuse (« La première fois que je t'ai vue, je venais de rencontrer un prêtre à la porte de ma maison. Et cette nuit, en sortant de Cordoue, n'as-tu rien vu ? Un lièvre a traversé le chemin entre les pieds de ton cheval. C'est écrit. »), se présente à plusieurs reprises comme une diseuse de bonne aventure : « On sent qu'il eût été ridicule de se faire tirer la bonne aventure dans un café », « j'ai vu plus d'une fois dans du marc de café que nous devions finir ensemble. Bah ! arrive qui plante ! »

Un voyage initiatique

L'aventure est liée au voyage, c'est-à-dire au changement. La structure du récit révèle les étapes d'une initiation qui commence par un déracinement : le héros doit quitter son pays et sa famille (sa mère), d'où sa nostalgie (« Notre langue, monsieur, est si belle, que, lorsque nous l'entendons en pays étranger, cela nous fait tressaillir... »). La rupture avec son milieu s'accompagne d'un changement de mode de vie et d'apprentissage : les études (« on me fit étudier ») sont remplacées par le métier des armes (« je m'engageai dans le régiment d'Alamanza, cavalerie »).

Avec Carmen commence l'éducation sentimentale du jeune homme (coup de foudre, folles journées chez Dorothée), qui découvre l'amour mais aussi la jalousie, deux sentiments qui naissent en même temps pendant la fête donnée par le colonel : « C'est de ce jour-là, je pense, que je me mis à l'aimer pour tout de bon ». Don José passe du statut d'amant à celui de mari, ce qui lui nuit grandement : « depuis que tu es mon rom pour tout de bon, je t'aime moins que lorsque tu étais mon minchorrô ». Il apprend également le rommani (« je commençais déjà à comprendre le bohémien ») et la vie de contrebandier qui lui « plaît mieux que la vie de soldat » et le fait entrer dans une « nouvelle carrière ». L'initiation commence symboliquement avec un changement d'identité et d'apparence : « Carmen me procura un habit bourgeois, avec lequel je sortis de Séville sans être reconnu », « je me rendrais à Gibraltar comme un marchand de fruits ».

Histoire d'une déchéance

L'apprentissage est finalement négatif puisqu'il aboutit à la mort, qui constitue l'épreuve suprême : don José tue ses rivaux, sa maîtresse avant de mourir. Par ailleurs, l'échec initial de sa carrière militaire (« En me faisant soldat, je m'étais figuré que je deviendrais tout au moins officier ») se double d'une déroute sentimentale (« T'aimer encore, c'est impossible. Vivre avec toi, je ne le veux pas »). On comprend mieux alors le symbolisme sanglant des courses de taureaux. D'ailleurs dans l'opéra-comique, la dernière scène se situe à Séville pendant une corrida, pour mieux signaler la dimension sacrificielle de la mise à mort avec les fanfares et la reprise du chœur dans le cirque : « Viva ! bravo ! victoire ! / Frappé juste en plein cœur, / Le taureau tombe ! Gloire / Au torero vainqueur ! / Victoire ! Victoire !... »).

Les épreuves sont physiques puisque don José est blessé et soigné par Carmen après la mort du lieutenant et après celle du Dancaïre : « elle me soigna avec une adresse et des attentions que jamais femme n'a eues pour l'homme le plus aimé ») mais aussi morales, par exemple pendant la fête du colonel (« Mon supplice dura une bonne heure »), puis quand il la cherche : « J'errai quelque temps par la ville, marchant deçà et delà comme un fou ». Comme des Grieux, don José est noble et destiné à la religion (« On voulait que je fusse d'Église ») ; perdu par une femme, il est conscient de sa déchéance mais n'en n'éprouve nul remords : « Il me semblait que je m'unissais à elle plus intimement par cette vie de hasards et de rébellion ». Le héros est moins un ange déchu qu'un homme révolté.

Correspondances

- Cervantès, *Nouvelles exemplaires* (1613).
- Gautier, *Tra los montes* (1843).
- H. Meilhac, L. Halévy, livret de l'opéra-comique *Carmen* de G. Bizet (1875), acte II, scène 5.

Une femme fatale

Féminité et animalité

Le narrateur et don José sont sensibles à l'aspect animal de Carmen (chap. III : « elle s'avançait en se balançant sur ses hanches comme une pouliche du haras de Cordoue ») ; le premier conseille au lecteur qui veut imaginer le regard de Carmen, de « considére[r] [son] chat quand il guette un moineau » et don José fait la comparaison suivante : « suivant l'usage des femmes et des chats qui ne viennent pas quand on les appelle et qui viennent quand on ne les appelle pas ».

En général, ce dernier retient moins les détails du visage (« Elle avait encore une fleur de cassie dans le coin de la bouche […] faisant les yeux en coulisse […] ses yeux seuls et sa bouche et son teint la disaient bohémienne ») que ceux du reste du corps : « Elle écartait sa mantille afin de montrer ses épaules […] le poing sur la hanche […] se met à courir en nous montrant une paire de jambes !… On dit jambes de Basque : les siennes en valaient bien d'autres... aussi vites que bien tournées ».

Sorcière et diablesse

Le narrateur est moins superstitieux que don José qui fait dire une messe pour l'âme de Carmen avant de la tuer et ne prend pas au sérieux l'aspect traditionnellement diabolique des bohémiens : « J'étais alors un tel mécréant […] que je ne reculais pas d'horreur en me voyant à côté d'une sorcière. […] Puis elle me dit de faire la croix dans ma main gauche avec une pièce de monnaie, et les cérémonies magiques commencèrent ».

À la sorcellerie (« S'il y a des sorcières, cette fille-là en était une ! ») s'ajoute le riche champ lexical du satanisme : « L'autre […] lui répond qu'elle ne se connaissait pas en balais, n'ayant pas l'honneur d'être bohémienne ni filleule de Satan », « parmi toutes les femmes qui passaient, je n'en voyais pas une seule qui valût cette diable de fille-là », « Tu as rencontré le diable, oui, le diable ; il n'est pas toujours noir, et il ne t'a pas tordu le cou », « Tu es le diable », « Cette femme était un démon ».

Pécheresse et tentatrice

Elle provoque la perte de tous les hommes qui s'approchent d'elle : don José, l'officier tué par don José, son mari Garcia, les deux milords anglais échappent de justesse à la mort (« Garcia voulait le tuer, mais le Dancaïre et moi nous nous y opposâmes »), Lucas est gravement blessé (« Lucas fut culbuté avec son cheval sur la poitrine, et le taureau par-dessus tous les deux »). D'ailleurs, le coup de foudre est métaphoriquement mortel et fait penser à la mise à mort du taureau (l'épée entre les deux yeux) : « Et prenant la fleur de cassie qu'elle avait à la bouche, elle me la lança, d'un mouvement du pouce, juste entre les deux yeux. Monsieur, cela me fit l'effet d'une balle qui m'arrivait… »

Elle incarne à elle seule tous les péchés sauf l'avarice et l'envie : colère (quand elle se bat avec la cigarière), gourmandise (« Elle prit tout ce qu'il y avait de plus beau et de plus cher, *yemas*, *turon*, fruits confits, tant que l'argent dura »), luxure (« Nous passâmes ensemble toute la journée, mangeant, buvant, et le reste »), orgueil (« je n'aime pas les gens qui se font prier »), paresse (« Nous ne sommes pas faits pour planter des choux, dit-elle ; notre destin, à nous, c'est de vivre aux dépens des payllos »).

Correspondances

- G. Borrow, *The Zingali, or an account of the Gypsies of Spain* (1841).
- Baudelaire, « Les Bijoux », *Les Fleurs du mal* (1857).
- Barbey d'Aurevilly, *Une vieille maîtresse* (1851), chap. VII.

1

« Elle est de stature moyenne, ni puissante ni fragile, mais chacun de ses gestes témoigne de son agilité et de sa vigueur. Tandis qu'elle se tient devant vous, elle semble un faucon qui va prendre son essor, et vous êtes prêt à croire qu'elle a le pouvoir de voler et que, si vous tendiez la main pour la saisir, elle s'envolerait au-dessus de la maison, tel un oiseau. Son visage est ovale, ses traits sont réguliers quoiqu'un peu durs et grossiers, car elle est née parmi les rochers, dans un buisson, et elle a été brûlée par le soleil pendant des années, comme l'ont été ses parents avant elle ; il y a plus d'une tache sur son visage, et peut-être une balafre, mais on n'y voit pas les fossettes de l'amour ; son front est ridé bien qu'elle soit encore jeune. Sa peau est plus que sombre, c'est presque celle d'une mulâtresse, et ses cheveux, qui tombent en longues mèches de part et d'autre de son visage, sont noirs comme le charbon et rudes comme la queue d'un cheval à quoi ils semblent avoir été empruntés. Il n'y a pas une femme à Séville dont les yeux puissent affronter le regard des siens, tant l'expression de leurs sombres globes est féroce et pénétrante, artificieuse et maligne ; sa bouche est fine et presque délicate, et il n'est reine, sur le plus glorieux des trônes, entre Moscou et Madrid, qui ne pourrait et ne voudrait envier les rangées de dents blanches et lisses qui l'ornent [...]. »

G. Borrow, *The Zingali, or an account of the Gypsies of Spain.*

2

La très chère était nue, et, connaissant mon cœur,
Elle n'avait gardé que ses bijoux sonores,
Dont le riche attirail lui donnait l'air vainqueur
Qu'ont dans leurs jours heureux les esclaves des Mores.

Quand il jette en dansant son bruit vif et moqueur,
Ce monde rayonnant de métal et de pierre
Me ravit en extase, et j'aime à la fureur
Les choses où le son se mêle à la lumière.

Elle était donc couchée et se laissait aimer,
Et du haut du divan elle souriait d'aise
À mon amour profond et doux comme la mer,
Qui vers elle montait comme vers sa falaise.

Les yeux fixés sur moi, comme un tigre dompté,
D'un air vague et rêveur elle essayait des poses,
Et la candeur unie à la lubricité
Donnait un charme neuf à ses métamorphoses ;

Et son bras et sa jambe, et sa cuisse et ses reins,
Polis comme de l'huile, onduleux comme un cygne,
Passaient devant mes yeux clairvoyants et sereins ;
Et son ventre et ses seins, ces grappes de ma vigne,

S'avançaient, plus câlins que les Anges du mal,
Pour troubler le repos où mon âme était mise,
Et pour la déranger du rocher de cristal
Où, calme et solitaire, elle s'était assise.

Je croyais voir unis par un nouveau dessin
Les hanches de l'Antiope au buste d'un imberbe,
Tant sa taille faisait ressortir son bassin.
Sur ce teint fauve et brun le fard était superbe !

– Et la lampe s'étant résignée à mourir,
Comme le foyer seul illuminait la chambre,
Chaque fois qu'il poussait un flamboyant soupir,
Il inondait de sang cette peau couleur d'ambre !

Baudelaire, XXIbis « Les Bijoux », *Les Fleurs du mal.*

3

« C'était un visage irrégulier. Elle était vêtue d'une robe de coupe étrangère, de satin sombre à reflets verts, qui découvrait des épaules très fines d'attache, il est vrai, mais sans grasse plénitude et sans mollesse. On eût dit les épaules bronzées d'une enfant qui n'est formée encore. Ses cheveux, tordus sur sa tête, étaient retenus par des velours verts. Deux émeraudes brillaient à ses oreilles, et de bracelets – faits de cette pierre mystérieuse – s'enroulaient comme des aspics autour de ses bras olivâtres. Elle tenait à la main l'éventail de son pays, de satin noir et sans paillettes, ne montrant au-dessus que deux yeux noirs, à la paupière lourde et aux rayons engourdis. [...] Le mouvement qu'elle fit pour passer dans la salle à manger au bras de Mareuil révolutionna mes idées, bouleversa mes résolutions. C'était ce *meneo* des femmes d'Espagne dont j'avais tant entendu parler aux hommes qui avaient vécu dans ce pays. Une autre femme sortit de cette femme. Deux éclairs, je crois, partirent de cette épine dorsale qui vibrait en marchant comme celle d'une nerveuse et souple panthère, et je compris, par un frisson singulier, la puissance électrique de l'être qui marchait ainsi devant moi. »

Barbey d'Aurevilly, *Une vieille maîtresse*, chap. VII.

Pittoresque et couleur locale

Clichés romantiques

Mérimée met à distance les facilités et les outrances du romantisme qu'il avait lui-même illustrées dans ses œuvres de jeunesse. En effet, ses personnages ont un esprit romanesque et le texte n'est pas dénué d'ironie. Le narrateur rêve en fait de rencontrer un brigand, comme de nombreux touristes avides d'aventures et de sensations fortes (« j'étais bien aise de savoir ce que c'est qu'un brigand. On n'en voit pas tous les jours, et il y a un certain charme à se trouver auprès d'un être dangereux, surtout lorsqu'on le sent doux et apprivoisé »). Il parle de manière convenue, avec des clichés : « Je crois que vous êtes du pays de Jésus, à deux pas du paradis. (J'avais appris cette métaphore, qui désigne l'Andalousie, de mon ami Francisco Sevilla, picador bien connu) ». Don José a aussi dans la tête des images naïves de « contrebandiers qui parcouraient l'Andalousie, montés sur un bon cheval, l'espingole au poing, leur maîtresse en croupe » : « Je me voyais déjà trottant par monts et par vaux avec la gentille bohémienne derrière moi ».

Réalisme et érudition

Mérimée préfère une esthétique plus sobre, de facture presque classique. Son écriture révèle un souci du détail juste et vrai dans cette « étude des bohémiens ». Il s'inspire parfois de son expérience et de ses voyages, par exemple, le coq au riz et au piment mangé par le narrateur et don José (chap. I), dont il se souvient dans une lettre à Sophie Duvaucel (8 octobre 1830). La lecture de Borrow et ses observations personnelles lui permettent de faire le portrait de Carmen. Il s'inspire de traditions connues, d'un savoir

« touristique » et anecdotique, au début du chapitre II avec l'épisode des baigneuses de Cordoue, ou de la sagesse populaire : « Œil de bohémien, œil de loup, c'est un dicton espagnol qui dénote une bonne observation ».
Les recherches les plus fouillées concernent l'étude de la langue. En effet, Mérimée insère en italique dans le texte des mots en rommani, voire des phrases entières. De plus, le cœur de la nouvelle que constitue le chapitre III est encadré par des propos savants, des considérations et des conjectures au début du chapitre I, et par une « dissertation » au chapitre IV. Pourtant, érudition et fiction sont doublement mises à distance, par le procédé de mise en abyme et par le ton toujours empreint d'ironie légère : « Je terminerai par ce proverbe qui vient à propos : *En retudi panda nasti abela macha.* En close bouche, n'entre point mouche ».

Correspondances

- Mérimée, première *Lettre d'Espagne* (1831).
- Hugo, *L'homme qui rit*, première partie, II, « Les comprachicos », VI (1869).
- Hugo, *Notre-Dame de Paris* (1831).
- Gautier, « Dans la Sierra », *España* (1845).

DESTIN DE L'ŒUVRE

Jugements de l'auteur sur son œuvre

Alors qu'il présente avec fierté (lettre du 18 février 1857) *La Vénus d'Ille* (« C'est, suivant moi, mon chef-d'œuvre »), Mérimée semble considérer *Carmen* comme une œuvre mineure, « une petite drôlerie [...] qui serait restée inédite si l'auteur n'eût pas eu besoin de s'acheter des pantalons » ; « La misère, suite inévitable d'un long voyage, m'a fait consentir à donner *Carmen* à Buloz. » (lettre de septembre 1845) ; « Après Arsène Guillot, je n'ai rien trouvé de plus moral à offrir à nos belles dames. » (lettre du 16 mai 1845).

L'étude de mœurs

Ainsi enchâssée dans un discours scientifique, et tout particulièrement récupérée par la dissertation sur les bohémiens, l'aventure de Carmen et don José s'habille en témoignage sociologique.

Jean Decottignies, préface de l'édition Garnier-Flammarion, 1973.

Pour répondre à Paul Bourget qui défend l'œuvre de nouvelliste de Mérimée dans un article de *La Revue des Deux Mondes* (15 septembre 1920), l'abbé Brémond critique l'esprit, le style, l'homme et considère que les nouvelles « ne résistent pas à l'examen le plus bienveillant » :

« Ce faux cynique est un sentimental ; ce faux sec, un œdémateux petit ; ce faux dandy, un bourgeois ; ce faux classique, un reporter de troisième classe. »

L'abbé Brémond dans *Le Correspondant*, 25 novembre 1920.

Le style

Sainte-Beuve critique sa sécheresse :

Je viens de lire *Carmen* de Mérimée, c'est bien mais sec, dur, sans développement ; c'est une *Manon Lescaut* plus poivrée et à l'espagnole. Quand Mérimée atteint son effet, c'est par un coup si brusque, si court que cela a toujours l'air d'une attaque. [...] Le style de Mérimée a un tour qui n'est qu'à lui ; mais ce n'est pas du grand art ni du vrai naturel.

Sainte-Beuve, *Mes poisons,* 1845.

Rapidité et clarté

Carmen n'est pas encore nommée, elle est à peine entrée en scène, qu'elle existe déjà et qu'on sent respirer en elle cette séduction bizarre, cette fascination mystérieuse, principal élément du récit ! Les premières pages sont d'une fraîcheur délicieuse, l'ensemble est d'une netteté magistrale.

Armand de Pontmartin, *La Revue des Deux Mondes*, 1er mai 1847.

Importance des lieux et ombres de l'Histoire

Si, dans *Carmen*, Mérimée évoque l'ombre de don Pedro, dans l'*Histoire de don Pèdre,* il retrouve les bohémiens de Séville. Ici, comme là, l'action se déroule partiellement en Andalousie. [...] Dès 1830, Mérimée, parcourant les vieilles rues de Séville et le palais mauresque, respire cette atmosphère historique.

Pierre Trahard, *Prosper Mérimée de 1834 à 1853*, Champion, 1928.

Une écriture du mélange et de l'équilibre

Art complexe sous une apparente simplicité. Il est possible d'en dégager les grandes lignes, en lisant avec soin les *Notes de voyage*, où une esthétique est éparse. User de la couleur locale, mais n'en pas abuser, et se souvenir que chaque paysage se ramène à une simplicité de lignes et de tons qui en fait l'harmonie ; peindre avec exactitude, mais ne pas s'égarer dans les petits détails [...] Or, ni le romantisme qui décline, ni le réalisme qui naît ne lui paraissent suffire à cette tâche. Il a contemplé la nature avec un regard assagi, et l'art classique garde ses préférences. [...]

Cet art, on se plaît à le définir par antithèses : concision, mais sécheresse ; détails précis, mais rares ; psychologie exacte, mais courte ; composition rigoureuse, mais digressions fatigantes ; en revanche, dédain de la couleur, du paysage et du portrait, mais sobre manière de dessiner un tableau ou un personnage à l'aide des mots les plus généraux ; style simple, mais dur ; dialogue naturel, mais cassant.

Pierre Trahard, *Mérimée et l'art de la nouvelle*, Nizet, 1952.

Apologie du style mériméen :

Mais est-il besoin de prêter à Mérimée d'autre dessein que de mystifier une fois de plus le lecteur , par un mélange de roman d'aventures et d'études des scientifiques, de philologie, d'ethnographie et d'archéologie ? [...] Dans l'ensemble le style est donc dans *Carmen* plus particulièrement simple et dépouillé, le style d'un récit objectif et documentaire [...] plus que l'action ou les personnages, ce qui plaît, c'est le mouvement, c'est l'exactitude des détails et de la couleur locale, c'est la vigueur et la sobriété du style, un ensemble de qualités indépendantes du sujet traité [...]

Houo Joei Yu, *Prosper Mérimée, romancier et nouvelliste*, Bosc Frères, M. & L. Riou, Lyon, 1935.

Quelques nuances et réserves :

Pour le surplus, il faut reconnaître que le style, le fameux style de Mérimée, est souvent surchargé de mots inutiles, d'expressions impropres, de tours embarrassés.

Henri Martineau, préface aux *Romans et nouvelles de Mérimée*, « Bibliothèque de la Pléiade », Gallimard, 1962.

Le titre

Carmen en latin signifie :
– chant, air, son de la voix ou d'un instrument ;
– vers, poésie ;
– charme, enchantement, incantation.
Mérimée établit un rapport de connivence érudite avec le lecteur en jouant sur les langues anciennes : le latin (avec le titre, le nom du personnage et sa polysémie) et le grec (avec la citation non traduite en épigraphe de Palladas). Le récit a une portée didactique et une valeur documentaire. C'est pourquoi des termes en espagnol et en rommani sont insérés dans le texte.
Le titre prend une dimension prophétique, car tous les sens du terme (chant, poésie, charme) seront vérifiés et illustrés par la suite des événements. En effet, Carmen chante et danse en musique (chap. III, l. 309 : « J'entendais les castagnettes, le tambour », l. 368 : « Dès que nous fûmes seuls, elle se mit à danser et à rire comme une folle, en chantant : "Tu es mon *rom*, je suis ta *romi.*"). De plus, elle apparaît comme un personnage parfois diabolique, s'exprimant souvent sous forme de sentence dont les répétitions et les symétries font penser à des vers (chap. III, l. 1196 : « *Calli* elle est née, *calli* elle mourra », l. 1208 : « T'aimer encore, c'est impossible. Vivre avec toi, je ne le veux pas ») ou bien proférant des paroles mystérieuses (chap. III, l. 1167 : « elle chantait quelqu'une de ces chansons magiques »). Au son de la voix s'ajoutent les charmes de la jeune femme (chap. III, l. 48 : « Elle avait un jupon rouge fort court [...] Elle écartait sa mantille afin de montrer ses épaules et un gros bouquet de cassie qui sortait de sa chemise ») et toute la séduction de sa personne (chap. III, l. 202 : « [elle] se met à courir en nous montrant une paire de jambes !... On dit jambes de Basque : les siennes en valaient bien d'autres... aussi vite que bien tournées ».

La nouvelle

La citation en épigraphe, qui en dit long sur le pessimisme et la misogynie de l'auteur (« Toute femme est amère comme du fiel, mais elle a deux bonnes heures : l'une au lit, l'autre dans la mort »), nous montre les affinités entre Mérimée, adepte du genre bref et de l'ironie mordante, et Palladas, auteur de petits textes satiriques. La nouvelle est d'ailleurs parsemée de maximes et de propos sentencieux qu'on retrouve souvent dans la bouche de Carmen avec des termes en rommani, comme si la sagesse populaire parlait à travers elle.
La nouvelle peut être considérée comme un roman abrégé, concentré, ou comme le développement d'un moment de crise. Contrairement au conte, qui privilégie la narration, la nouvelle a un cadre réaliste. Selon Pierre Trahard (*op. cit.*), Mérimée « se rabat sur la nouvelle qu'il dégage du roman, choisit un épisode ou caractère, ramasse l'intérêt, concentre la lumière sur un point [...] À la théorie divergente, il substitue cette esthétique convergente que développera E. Poe, vers 1840 [...] il lui déplaît que la nouvelle tourne au conte de fées. Elle ne saurait être un conte, puisqu'elle introduit l'analyse et suggère au lieu d'expliquer ». Comment donc Mérimée la conçoit-il ? [...] une action « simple », « chargée de peu de matière », un épisode « vraisemblable », « qui met en valeur un caractère en pleine crise, des passions violentes, s'exprimant avec force ».

Compléments notionnels

Analepse
Retour en arrière.

Anthroponyme
Nom d'une personne.

Antithèse
Figure qui rapproche deux éléments opposés pour mettre en valeur leur contraste.

Champ lexical
Regroupement de termes autour d'une même idée.

Éponyme (personnage)
Qui donne son nom à une œuvre (exemple : Carmen, héroïne de la nouvelle).

Focalisation
Point de vue (subjectif et restreint) d'un personnage.

Ironie
Fait de ne pas adhérer à ce qu'on dit (par antiphrase : en pensant le contraire de ce qu'on énonce).

Mise en abyme
Système d'emboîtement narratif qui correspond à l'insertion d'un récit pris en charge par un narrateur second, dans un premier récit appelé « récit-cadre » et pris en charge par le narrateur principal.

Modalisation
Moyens de nuancer la certitude.

Narrateur
Personne qui prend en charge et raconte à la première personne le récit.

Omniscient
Qui sait tout.

Personnification
Fait de donner des qualités humaines à ce qui n'est pas humain.

Prolepse
Anticipation.

Registres de langue
Manières de s'exprimer qui soulignent les différences sociales et culturelles. On en distingue quatre : argotique, familier, courant, soutenu.

Sentence
Propos général porteur d'une vérité morale.

Synecdoque
Figure qui substitue la partie au tout.

Toponyme
Nom d'un lieu.

BIBLIOGRAPHIE DISCOGRAPHIE FILMOGRAPHIE

Bibliographie

Œuvres de Mérimée

• *Théâtre de Clara Gazul, romans et nouvelles*, Bibliothèque de la Pléiade, Gallimard, 1979. Édition annotée par J. Mallion et P. Salomon.

• *Romans et nouvelles*, Garnier, 1967.

• *Carmen, Les Âmes du purgatoire*, Garnier-Flammarion, 1973. Édition annotée par J. Decottignies.

• *Correspondance générale*, Privat, Toulouse, 1941-1964.

Sur Mérimée et son œuvre

• J. Chabot, *L'autre moi, fantasmes et fantastique dans les Nouvelles de Mérimée*, Édisud, Aix, 1983.

• X. Darcos, *Mérimée*, coll. « Grandes biographies », Flammarion, 1998.

• P. Léon, *Mérimée et son temps*, PUF, 1962.

• É. Morel, *Prosper Mérimée : l'amour des pierres*, Hachette, 1988.

• P. Trahard, *Mérimée et l'art de la nouvelle*, Nizet, 1952.

• *La Jeunesse de Prosper Mérimée* (1803-1834), *Prosper Mérimée (1834 à 1853)*, *La Vieillesse de Prosper Mérimée (1854-1870)*, Champion, 1925-1930.

• H. J. Yu, *Prosper Mérimée, romancier et nouvelliste*, Bosc Frères, M.& L. Riou, Lyon, 1935.

Articles

• *Revue d'Histoire littéraire de la France*, janv.-fév. 1971.

• Revue *Europe*, septembre 1975.

• P. Bourget, « Mérimée nouvelliste », *Revue des Deux Mondes*, 15 septembre 1920.

• R. Mitjana, « Notes sur Mérimée et Calderón », *Revue bleue*, 12 novembre 1910.

• J. Pommier, « Notes sur *Carmen* », *Bulletin de la faculté des lettres de Strasbourg*, nov.-déc. 1929, fév.-avril 1930.

• H. Malherbe, « La véritable Carmen », *Hommes et mondes*, novembre 1949.

Sur Carmen

• *L'Avant-scène opéra*, « Bizet, *Carmen* », n° 26, mars-avril 1980.

• D. Maingueneau, *Carmen, les racines d'un mythe*, Éditions du Sorbier, 1984.

• E. Ravoux-Rallo (et al.), *Carmen*, coll. « Figures mythiques », Autrement, 1998.

Sur l'Espagne

• L.-F. Hoffmann, *Romantique Espagne. L'Image de l'Espagne en France entre 1800 et 1850*, Paris, PUF, 1961.

• E.-F. Herr, *Les Origines de l'Espagne romantique*, Didier, 1974.

Sur les gitans dans la littérature

• Henri Bosco, *L'Enfant et la rivière.*

• Cervantès, *Nouvelles exemplaires.*

• Th. Gautier, *Voyage en Espagne.*

• V. Hugo, *Notre-Dame de Paris, L'Homme qui rit* (comprachicos et gypsies).

• A. S. Pouchkine, *Les Tziganes.*

Discographie

***Carmen* de Bizet**

• Dir. Georges Prêtre, Opéra de Paris, avec Maria Callas, EMI, 1964.

• Dir. Claudio Abbado, London Symphony Orchestra et The Ambrosian Singers, avec Teresa Berganza et Plácido Domingo, Deutsche Grammophon, Polydor, 1978.

• Dir. Lorin Maazel, Orchestre national de France, Chœurs

et maîtrise de Radio France, avec Julia Migenes Johnson et Plácido Domingo, Érato, 1984.

• Dir. Seiji Ozawa, Orchestre national de France, Chœurs et maîtrise de Radio France, avec Jessye Norman et Neil Shicoff, Philips, 1989.

Filmographie

• 1915 : Cecil B. De Mille (États-Unis) avec Géraldine Farrar.

• 1915 : Charlie Chaplin (États-Unis) avec Edna Purviance.

• 1918 : Ernst Lubitsch (Allemagne) avec Pola Negri.

• 1926 : Jacques Feyder (France) avec Raquel Meller.

• 1927 : *The Loves of Carmen* de Raoul Walsh (États-Unis) avec Dolores del Rio (après une première version de 1915 avec Theda Bara).

• 1943 : Christian-Jaque (franco-italien) avec Viviane Romance et Jean Marais.

• 1948 : *The Loves of Carmen* de King Vidor (États-Unis) avec Rita Hayworth.

• 1954 : *Carmen Jones* d'Otto Preminger (États-Unis) avec Dorothy Dandridge.

• 1983 : *Carmen story* de Carlos Saura avec Laura del Sol.

• 1983 : *La Tragédie de Carmen* de Peter Brook (France) à partir du spectacle donné aux Bouffes-du-Nord (1981, avec Zehava Gal).

• 1984 : Francesco Rosi (France) avec Julia Migenes Johnson.

CRÉDIT PHOTO : p. 7 Ph.© Christophe L/T • p. 8 et reprise page 32 : Coll.Archives Larbor/T • p. 34 Ph.© X/DR/T • p. 53 Coll.Archives Larbor • p. 57 Ph.© Chritophe L/T • p. 70 Ph.© J.Dubout/Tallandier/T • p. 75 Ph.© Enguérand/T • p. 91 Ph.© Lauros Giraudon/T • p. 109 Coll.Archives Larbor • p. 115 Ph.© Bulloz/T • p. 124 Ph.© Bibliothèque de Strasbourg/T • p. 130 Ph.© Giraudon/T

Direction de la collection : Chantal LAMBRECHTS.
Direction artistique : Emmanuelle BRAINE-BONNAIRE.
Responsable de fabrication : Jean-Philippe DORE.

Compogravure : P.P.C. - Impression MAME n° 03122157. Dépôt légal 1re édition : juin 19
Dépôt légal : Février 2004 - N° de projet : 10111725 . Imprimé en France (Printed in Franc